CONFLIT FONCIER À TÉLIMÉLÉ

Entre Guémé et Kompéta

(5 août 2005-5 août 2007)

Elh Mamadou Oury Djodja BAH

CONFLIT FONCIER À TÉLIMÉLÉ

Entre Guémé et Kompéta

(5 août 2005-5 août 2007)

L'Harmattan

5-7, rue de l'École-Polytechnique, 75005 Paris
http://www.editions-harmattan.fr

ISBN : 978-2-336-42603-7
EAN : 9782336426037
:

Sommaire

DÉDICACE

Je dédie ce témoignage à :

– Mon père feu *Modi Hassana*

– Ma mère Feue *Mariama Diouldé Diop*

– Mon grand-père maternel feu *Modi Boubacar Siddy* de Hôré Séré, qui m'a élevé depuis mon inscription à l'école française

– Mes chères épouses, *Aissatou Bah « Néné Miss »* et Hassanatou *Bah.*

– Mes filles : *Kadiatou « Miss », Mariama Ciré, Mariama Diouldé, Mariama Foula*

– Mon fils, *Mamadou Yaya*

– Mon premier maître à l'école primaire, feu *Amadou Diallo* de Yembéring-Mali

– La population des villages de la zone de Bôwé Guémé

– Ma lignée paternelle, les *Djomiliyâbhés* de la famille *Koulounanké Balla* de Koïn.

REMERCIEMENTS

Je souhaite tout d'abord remercier les bonnes volontés qui ont bien voulu m'accompagner moralement dans la rédaction de cet ouvrage.

Je veux nommer El hadj Djogo, El hadj Amadou, Mâma Sâdou de Tombonya, Amadou Meta, Abou Somparé, Colonel Hadji Bah, Djibril Camara, Mamadou Aliou Djongnémé, Souleymane Sété, Alpha Oumar Baldé ,Lt Mamadou Aliou Bah gendarme Mariama Djâwo, Kadé Diop, Karamoko Bah, Amadou Aliou Bah, feu Djouldé Kahel, Abdoulrahim Bah, Abdourahamane Bah, Saïkou Baïlo Diallo, Colonel Lamarana Baldé, Mamadou Lâry Diallo, Abdourahime Baldé, Yéro Boye Diallo, Yaya Bah, Lamarana Sadio Diallo, sans oublier El Hadj Abdoul Goudoussi Diallo, Géographe et Ecrivain qui a bien voulu faire la maquette de cet ouvrage.

Je salue et remercie particulièrement Abdourahimi Diallo qui s'est sacrifié pour m'écouter, m'aider à rédiger cet ouvrage et à le faire publier. Je lui reste très reconnaissant, et je salue aussi infiniment le Calife Thierno Bassirou pour son courage, son intelligence, sa bravoure et sa patience.

AVANT-PROPOS

Ce récit des évènements sanglants qui a divisé les communautés peulhes des *Ouroubhé* de Guémé et des *N'Daghabhé* de Kompéta soutenus par le pouvoir judiciaire en place dans la sous-préfecture de Missira, préfecture de Télimélé est un exemple frappant.

Les autorités administratives et politiques à tous les niveaux en application des textes de loi et règlements ordonnent de mater toute personne réfractaire, désobéissante à l'endroit des chefs religieux se disant maîtres du savoir et propriétaires terriens. Les conséquences de cette tragédie vont entrainer une incompréhension, une division totale entre les fils des deux localités jusque-là unis et solidaires.

Une opposition farouche, une haine et une méfiance s'installent très rapidement entre lesdites communautés. Durant les deux ans qu'a duré le conflit, certains dignes fils du territoire font recours au gouvernement en la personne du Président de la République Général Lansana CONTÉ qui ordonna le règlement définitif du conflit, c'est ce qui fut fait.

Le protocole d'accord de réconciliation ci-joint le confirme. Le bilan fait état de plusieurs villages incendiés, des personnes tuées, d'autres gravement blessées, exilées, arrêtées, torturées, humiliées, emprisonnées et rançonnées. Des arbres fruitiers sont détruits, des animaux domestiques abattus, des citoyens fuient leur village d'origine pour se réfugier dans la forêt, dans les grottes ; des nourritures sont calcinées et certaines emportées par les forces de sécurité mobilisées pour la répression sanglante.

De nos jours cette tragédie interpelle toute personne éprise de paix, de justice et de liberté. Nous mettons ces informations à la portée des nouvelles générations présentes et futures pour qu'elles comprennent les vrais problèmes de certaines communautés guinéennes de nos jours. Nous remercions tous ceux qui, de prêt ou de loin ont contribué à la réalisation de cet ouvrage.

PROLOGUE

Il m'a semblé utile au départ de donner un résumé de ma vie durant l'enfance, la formation scolaire et mon parcours professionnel avant d'aborder l'objet de l'ouvrage.

Naissance et enfance

L'auteur de cet ouvrage est né à Aïdhé N'Djaré (Boké) au bord de la route nationale n° 4 Boké — Gaoual en septembre 1950 à 18 h d'une famille pauvre, de mère ménagère et d'un père éleveur faisant la transhumance derrière son troupeau de bœufs en déplacement vers la Basse Côte pendant la saison sèche.

Du fait qu'il est né après cinq enfants morts peu après leur naissance, ses parents croyants et optimistes fondent tout leur espoir sur ce nouveau-né pour sa survie. C'est pour cela que le jour du baptême après sept jours le nom *DjoDja* qui signifie *Djo,* peut-être, *Dja,* c'est certain, est ajouté au vrai nom Mamadou Oury pour implorer le pardon de Dieu pour que cet enfant ait longue vie.

Cette coutume est pratiquée sous une autre forme qui consistait à donner à l'enfant le pseudonyme de Baïlo (le forgeron) ou de Hothia (le ramassé) ou les deux à la fois. Élevé dans cette pauvre famille d'éleveur transhumant dans des conditions extrêmement difficiles, l'enfant est sur le dos de sa mère du matin au soir allant par — ci et par — là à la recherche de la nourriture.

Un jour portant son bébé, accompagnée de ses voisines, elle se rend dans la brousse à la recherche d'ignames sauvages ; arrivée au niveau d'une tige d'igname épineuse, elle se prosterne, commence à creuser pour déterrer les têtes d'igname superposées les unes aux autres ; un essaim d'abeilles s'abat sur elle, la pique, la démobilise, l'embrasse ; doit-elle sauver sa vie ou celle de son bébé ?

Elle ôte son unique pagne pour l'enrouler à son bébé pour empêcher que les abeilles le tuent. Elle préfère que les abeilles la piquent au lieu qu'elles piquent son enfant.

Elle est nue, elle prend son bébé dans ses mains, elle fuit vers des voisines en poussant des cris, de pleurs et des appels au secours de désolation. Dieu aidant elle finit par se sauver heureusement et sauver son bébé ; que faire maintenant ? Comment rentrer ? Elle n'a ni igame ni autre chose à manger en famille. Mais elle s'estime heureuse pour avoir sauvé son bébé. Les piqures d'abeilles la rendent malade ; tout son corps est enflé.

Mais elle ne peut pas rentrer bredouille cela aussi est douloureux et inquiétant. Malgré son état d'âme, elle va vers d'autres lieux à la recherche du quotidien.

Heureusement elle gagne un peu d'igname pour rentrer en famille. Ce sont ces ignames de brousse qui sont cuites pour la nourriture de la famille pendant la période de disette Les principaux repas de famille étaient outre le riz, le tô, l'igname et d'autres fruits sauvages tels que le ''*koura*'', ''le *sîlâ*'', ''le *soungala*'', ''le *diâbâ*'',''le *pouri*'', etc. Le riz était la principale nourriture, on ne le mangeait que lors des cérémonies de baptême, de mariage, de décès.

Au pâturage, les tours de sel (Touppal), étaient une occasion périodique au cours de laquelle l'éleveur donne à son bétail de la terre pétrie puis mélangée avec du sel et d'écorces d'arbres pour la santé et la prospérité de son bétail. Ce jour-là, c'est une réjouissance, les bœufs sont motivés, regroupés, conduits sous escorte des jeunes valides et athlètes qui savent courir avec vitesse. Arrivés au lieu, les jeunes surveillent les animaux, attrapent les veaux, leur font avaler le breuvage salé ; ils attrapent les taurillons, les font coucher pour les castrer ou tuer les parasites.

De retour au parc, des repas de nourriture sont servis arrosés de lait et de beurre de vache pour la circonstance. Tout le monde mange à sa faim, la cérémonie se termine par des bénédictions formulées à l'intention de tous les éleveurs et pour la prospérité et la sécurité du bétail.

Un autre fait marquant de la vie de l'auteur, c'était en 1950 et d'après ce qu'on m'a raconté, quand ma mère me portait dans son ventre ; un chasseur tua une panthère qui se mettait souvent aux aguets non loin du pâturage pour tuer les bœufs, les veaux et autres animaux domestiques ou sauvages. Arrivée sur les lieux où l'animal est abattu, très curieuse, la mère s'approche de la bête, se prosterne devant elle, se couche sur l'animal à plat ventre contre elle.

Elle frotte son ventre sur l'animal, formule un souhait pour que l'enfant qu'elle porte soit né vivant et qu'il hérite des caractères forts de l'animal dont sa témérité, sa puissance, son audace, son élégance et sa turbulence. Ceux qui étaient là témoins des faits saluèrent le courage de la bonne mère, apprécièrent l'acte et prièrent ''Dieu'' qu'il exauce les vœux formulés par elle.

Après quelques mois, elle accoucha un samedi soir de l'an 1950 d'un enfant de sexe masculin vivant, sans aucune difficulté. La mère et le bébé se portaient bien. Après la cérémonie de baptême qui s'est déroulée symboliquement en l'absence de feu Modi Pethè Doghol Kimpa, grand frère de feu Modi Hassana Doghol Kimpa, père de l'enfant, la mère continue à allaiter son bébé malgré les conditions de vie pénible ; des mois et des années passent, l'enfant a trois ans alors sa mère donne naissance à une fille vivante.

Lorsque celle-ci a trois ans, elle donne encore naissance à un garçon vivant. Ainsi de suite jusqu'avoir trois filles vivantes et trois garçons vivants. Malheureusement elle en perd un garçon et une fille. Il lui reste alors quatre enfants vivants dont deux garçons et deux filles de nos jours. Ce sont Mamadou Oury Djodja, Saïfiou Baïlo-Kabi, Fatoumata Touppé et Younoussa —

Dieu octroya ainsi le bonheur au foyer conjugal de donner naissance à des enfants vivants. Sept ans plus tard, le premier enfant vivant est mis à l'école coranique, envoyé à Kompéta chez Karamoko Souleymane Diallo (Souley Sètè) ; petit de taille et de physique, l'élève est considéré comme un enfant adoptif à élever. Il est épargné de beaucoup de travaux durs, il était soumis seulement à l'apprentissage de la lecture de l'alphabet coranique (*ba, sigui, finditourou*) cela n'a duré que deux ans.

L'année suivante, l'apprenant et son maître voyagent sur le Sénégal, précisément à Dakar, chez son grand frère Elhadj Saïkou Diallo.

Avant de revenir à Kompeta, mon maître m'avait acheté des habits dont un pantalon en « dongline ». Cet habit était rare sinon unique à l'époque, ce qui me plaçait à un niveau privilégié dont étaient jaloux de nombreux Camarades d'âges. Dans le quartier Kolobane où résidait le grand frère de mon maître, son épouse me commissionnait toujours pour acheter du charbon appelé en Wolof "Kirim".

La deuxième année, dès après le retour au bercail au mois de décembre 1957, le père de l'élève coranique le rappelle pour surveiller son champ de fonio en maturité contre les oiseaux ravageurs, prédateurs. Son maître accepte la demande et l'élève se rend auprès de sa famille.

Chaque matin sous la pluie et la rosée sur le chemin, l'enfant va au champ, chasse les oiseaux. Un jour son père vient contrôler son travail, il constate qu'il est assez bien fait, car quelques parties sont dévastées par les oiseaux. Il est énervé, il inflige une sanction corporelle à son enfant en attachant ses deux bras à un arbre, prenant ses deux pieds pour le maintenir en l'air, le battre avec une corde et des fouets sans aucun secours jusqu'à sa satisfaction. Sous la demande de pardon de la victime, le père le détache, le corps couvert du sang. Ils regagnent ensemble le village.

Éducation

Le lendemain, le même travail recommence. Par bonheur une école publique mixte est créée à Missira, chef-lieu du poste administratif nouvellement créé à la veille de l'indépendance de la Guinée ; ayant une vision forte, mon père m'inscrit dans cette école, c'était le 12 décembre 1957. Je suis inscrit sous le N° matricule 06. De la première année cours préparatoire (CP1) à la sixième année cours moyen (CM2), j'ai été un élève passable, mais courageux et modèle. L'école est située à trois kilomètres de mon village.

Chaque jour si je vais le matin je ne reviens que le soir. Pendant l'hivernage je suis avec mes parents, en saison sèche mes parents me confient soit à ma famille maternelle ou chez Modi Diouma N'danda Keïta, mon tuteur à Missira.

Dans ma famille maternelle, mon grand-père Modi Boubacar Siddy et ma grand-mère Nénan Ramata ne ménageaient aucun effort pour m'entretenir et m'éduquer poliment. La jeune sœur de ma mère (Sètè) me portait au dos tous les jours après m'avoir lavé proprement le corps. Je garde de bons souvenirs de mon grand-père qui m'approchait près de lui, me faisait asseoir sur ses jambes, me donnant à manger, et me racontait de belles histoires. Mon tuteur recevait une ration pour notre nourriture. Le repas était unique par jour.

C'est dans ces conditions que je me faisais distinguer positivement à l'école, un modèle que les maîtres donnaient aux élèves, ils les prenaient sur moi en disant « Bah Oury Djodja est un bon élève ». Lors des fermetures des classes les maîtres me confiaient le rôle de présenter des chants et des récitations que je maitrisais couramment, accompagnés de gestes tout en respectant les ponctuations. À chaque récitation ou chant exécuté par moi, je suis acclamé, applaudi et gratifié des prix d'encouragement ou de distinction.

En 1961, mon père me fait circoncire seul selon les coutumes ; je fais la toilette à la manière traditionnelle qui s'effectue soit au niveau de la chute d'une rivière ou en se servant d'une bouilloire, pour faire tomber l'eau sur la plaie la lavant ainsi proprement et la désinfectant en même temps. En 1963, nous sommes au CM2 classe terminale. Pour l'obtention du CEP Certificat d'Études primaires et une bourse d'accès au collège.

Sur les cinquante candidats présentés, cinq sont admis au CEP et un entre au collège. Moi, je suis malheureusement parmi les non admis. L'examen a eu lieu à Télimélé centre. C'était pour moi la première fois d'aller dans un centre-ville, après mon bref séjour à Dakar en compagnie de mon maître Coranique.

Après une semaine d'examen à Télimélé suivie des résultats immédiats nous regagnons nos écoles respectives. Déçus de l'échec, mes parents décident de me transférer à Boké chez un oncle paternel. À l'ouverture, mes parents sollicitent le retrait de mes dossiers, mais sans succès. Cela ne les empêcha pas de m'envoyer à Boké accompagné de mon oncle maternel et d'un frère. C'était au mois de septembre, nous nous rendons à pied de Doghol Kimpa à Boké pendant une semaine en passant par Sangaréji, Boullérè puis Boké.

Arrivés dans cette ville, après une marche pénible, nous sommes bien accueillis par mon oncle paternel Sékouba, gérant de magasin administratif. Très satisfait de la demande l'oncle Sékouba m'accepte volontiers.

Au mois d'octobre à l'ouverture des classes, je suis inscrit à l'école de Goréye située derrière le domicile de mon oncle tuteur. C'est dans cette école que je suis admis en sixième année au collège de Filira. De la sixième année en neuvième année je fréquente régulièrement les cours et je m'oriente pour l'École Normale Primaire (l'E.N. P). Je suis admis pour l'ENP de Faranah en 1969. À Boké j'étais dans la famille de Sékouba avec ses fils, mes cousins Abdoul et Souleymane Bah. Ensuite chez Nênan Djenabou une amie à ma mère à côté du marché. Enfin chez ma sœur Guinenden bah à kadiguira.

Pour me rendre à Faranah, je dus passer par Conakry pour voyager dans le train avec une réquisition de l'État. Étant en retard dans les démarches, je n'arrive pas à réussir à voyager par train. Je reçois le transport par la route. Parti de Boké, j'arrive à Conakry chez Bah Baïlo. De là, je vais à Kindia chez M. Talibé, puis à Mamou et finalement à Faranah. Là tous les élèves admis sont à l'internat. Ils mangent et se couchent à l'école au compte de l'État. Toute la première année scolaire nous sommes abonnés dans une gargote au cœur de la ville.

C'est seulement en deuxième année scolaire que nous avons intégré l'école qui était une nouvelle création.

Durant la première année je suis tombé malade à cause de la mauvaise nourriture et le changement d'aliments, d'ailleurs un de mes cousins, le regretté Mamadou Saliou Bah de Boulléré a perdu la vie dans ces mêmes conditions. Il s'était recyclé après la sixième année pour aller enseigner. En deuxième année nous étions initiés aux activités de l'école ; nous fûmes désignés pour assurer la garde nocturne au niveau des carrefours et ronds-points de la ville de Faranah suite à l'agression portugaise dont la Guinée a été victime.

C'était le 22 novembre 1970, l'agression perpétrée contre la Guinée par l'impérialisme portugais et ses alliés. Pendant les visites officielles du chef de l'État Ahmed Sékou Touré à Faranah, je suis choisi parmi d'autres pour faire des récitals, lors des soirées culturelles organisées à son intention dans la grande salle de la permanence fédérale. C'est une occasion pour se faire connaître, se faire distinguer.

Grâce à cette popularité auprès des autorités politiques et administratives, j'ai gratuitement bénéficié d'un voyage de Faranah à Mamou dans une Mercedes présidentielle. De

Mamou je continue à Conakry. C'est à Mamou que j'ai connu M. Bah Sadiouma, agent des contributions diverses et famille. Trois ans passent ; en 1973 nous sommes en fin de cycle. L'examen de sortie se passe normalement.

Parcours professionnel.

Tous les élèves qui ont choisi d'être orientés dans les écoles professionnelles à cause du manque de soutien et au terme de leur formation sont affectés selon les régions naturelles ou selon les nécessités de services. C'est ainsi que je suis affecté en moyenne Guinée. Ne souhaitant pas servir dans cette région et ''Dieu'' aidant j'ai réussi, grâce au Ministre Mouctar Diallo, d'être affecté à Fria.

Là, j'ai eu la chance avec d'autres collègues d'être maintenu au centre ; de bénéficier d'un logement gratuit à la cité des ouvriers et de manger dans leur cantine à la cité ''Ecochar'' près de l'école de Tigué, où je fus muté. C'était en 1973. De cette année à octobre 1977 j'ai travaillé dans les écoles de Tigué et du 2 août.

En novembre 1976 ma première épouse, Aïssatou Bah, accompagnée d'un neveu Alpha Oumar Bah (dit Bali) et de mon jeune frère Saïfiwou Baïlo Bah Kabi après le mariage coutumier réalisé par mes parents, arrive chez moi à Fria. Sous peu de temps elle conçoit et accouche d'une fille le mercredi 07 septembre 1977 à deux heures du matin à l'hôpital d'État. Le jour du baptême même je reçois la décision de mutation pour Conakry, précisément à l'école primaire du Camp Alpha Diallo.

Deux jours après, je viens seul pour trouver un logement et prendre service. Après je retourne à Fria pour prendre ma famille. Logé pour la toute première fois à Béhanzin à la rentrée du camp, d'abord chez M. Diallo, puis chez M. Antoine, je finis par déménager à Tanènè Marché et définitivement à Simbaya — Gare auprès de ma famille d'origine.

Au Camp Alpha Yaya Diallo je suis délégué du personnel et Directeur Adjoint de l'école. De 1977 à 1987 je suis en service successivement dans les écoles du Camp Alpha Yaya Diallo, de Béhanzin, de l'Aviation, de la Cité de l'air dans la commune de Matoto et à Kwamé Krumah et Simbaya — Gare dans la commune de Ratoma. En 1988 je suis admis au test de recrutement des stagiaires au C.P.L (Centre de Perfectionnement linguistique) pour trois ans. Je suis sorti de ce stage en 1989.

Je suis alors affecté à l'école de Tombo comme formateur en linguistique ; c'est de là que j'ai formulé une demande de faire un stage à la Direction nationale des Archives de Guinée en 1991. Contre la volonté des autorités de l'Éducation, ma demande est examinée favorablement par le Directeur national des Archives pour faire mon stage durant trois mois, renouvelable une fois. Je réussis à faire avec succès le stage pendant six mois pour être un documentaliste archiviste bibliothécaire. La fin de stage est sanctionnée par une remise de diplôme attestant la capacité de servir dans un centre documentaire ou une bibliothèque en qualité d'Archiviste-Documentaliste.

Je pars avec cette qualification, pour être affecté en 1992 au service national de la Documentation, des Archives et des Bibliothèques de l'Enseignement pré-universitaire. Dans ce service je suis le chargé de l'informatique et chef de la section des Archives. De 1992 à 2010 j'exerce les fonctions d'archiviste documentaliste. En 2012 je fais valoir mes droits à la retraite. Au paravent j'avais bénéficié les moyens d'aller faire le pèlerinage aux lieux saints de l'islam en 2011. Je suis marié à deux épouses, père de cinq enfants vivants : quatre filles et un garçon ; et huit petits-fils dont cinq filles et trois garçons présentement.

Je voudrais souligner ici l'amour, la tendresse et les soins particuliers que ma mère me vouait durant mon séjour à Boké et pendant la session de transhumance, cette pauvre mère venait régulièrement me rendre visite en ville. Portant une grande calebasse de lait caillé, elle parcourait de longues distances avant d'arriver. Sitôt à Boké et si elle ne me trouvait pas à la maison, elle n'avait cessé de demander même aux passants :

N'aviez-vous pas vu Bah Oury Diodia, le garçon à la tignasse ?

Heureusement pour moi je pus rembourser une partie des dettes contractées auprès de ma chère maman. En effet, après une longue hospitalisation, au service neurologie du CHU d'Ignace Deen du 13 février au 20 avril 1993. N'étant pas capable de manger à l'aide de sa main, je lui donnais de la bouillie comme elle me le faisait quand j'étais bébé. Elle rendit l'âme dans mes bras le 23 avril 1993 à Conakry. Elle fut enterrée au cimetière de Démodoula à Simbaya Cosa le 24 avril après la prière de vendredi.

INTRODUCTION

Dans toutes les sociétés, la question foncière est à l'origine de conflits souvent sanglants. Il suffit parfois d'un simple incident de limite ou de propriété de la terre pour qu'un affrontement éclate et dégénère.

C'est le cas qui s'est produit dans la Préfecture de Télimélé, Sous-préfecture de Missira d'août 2005 à août 2007. En effet un banal incident est survenu dans le District central de la Commune rurale entre un jeune homme originaire du village de Guémé qui avait planté des arbres fruitiers sur un domaine revendiqué par un autre, un ressortissant de Kompeta, lequel arracha les plants et implanta les siens. Tous les deux habitent Missira centre.

Une bagarre entre les deux jeunes gens survient provoquant la blessure de l'un qui porte plainte à la gendarmerie laquelle procède à l'arrestation de l'autre. Du coup la situation se transforme rapidement en confrontation entre les lignées des deux jeunes gens, à savoir les *Ouroubhé* de Guémé et les *Daghabhé* de Kompeta.

Toutes les médiations de conciliation échouent malgré les liens historiques séculaires de relations de cousins à plaisanterie (*sanakou*) entre les communautés des deux localités et les liens conjugaux entre les diverses familles renforcées par le fait que le Calife de Kompeta est marié à la grande sœur du chef religieux de Guémé.

CHAPITRE I
Genèse du conflit

L'ouvrage « Conflit foncier à Télimélé » relate le conflit entre les *Ouroubhé* de Bowé Guémé et les *Daghâbhé* de Kompeta. Il décrit les évènements tragiques survenus dans la sous-préfecture de Missira, Préfecture de Télimélé des années 2005-2007 suite au conflit domanial entre Missira et Kompéta. Les deux jeunes en conflits habitent tous Missira centre loin de Kompéta et de Guémé

Un conflit accidentel, préparé et mis en instance en attendant qu'une simple occasion se présente pour être mise à profit. Cette occasion fut la bagarre entre deux citoyens de Missira à cause d'une partie minime du domaine réservé pour la sous-préfecture, tout juste à la rentrée de Missira, vers le côté ouest pour celui qui vient de Télimélé où l'un avait planté des arbustes que l'autre avait arraché. Cette action réveilla plusieurs rivalités ancestrales à caractère communautaire et religieux entre les lignées des *N'Daghabhé* et celle des *Ouroubhé*, jusque-là considérées comme des *Sanakhou* ou cousins à plaisanterie.

La famille principale commanditaire de ces évènements, est une famille d'artisans venue du Fouta Toro à la recherche du quotidien pour rester longtemps à Diala, à Kénéri, puis à Wédou dans Lélouma, ensuite à Djountou, puis à Bourouwi, près de Diari dans le Diwal de Labé. Chassés par le roi Alpha Yaya Diallo, ces mêmes artisans se replièrent vers le sud et s'installèrent très longtemps à Horè Wédou, sous-préfecture de Tarihoye avant de venir tout récemment vers l'ouest pour habiter définitivement le village de Kompéta qu'ils ont trouvé déjà créé très longtemps par les vrais autochtones.

Plus tard, une partie de cette même famille ira s'installer à Boussoura-Bowé. Connus et réputés téméraires, donc de cohabitation difficile, ces artisans se positionnèrent très tôt pour se réclamer propriétaires terriens à Bowé. Ils rivalisent et s'en prennent à quelques membres des familles autochtones des ancêtres Mama Ibrahima Tara et Mama Hassana (les *Songombhé* et les *Kanyayabhé*) sans oublier celles de Bamma, Mama Djéri, Mama Yéro et les Takouya qui sont les premiers propriétaires terriens à Kompéta

Ces nouveaux venus utilisent leurs ruses pour s'attaquer et combattre les autochtones et finir par avoir le dessus sur toutes ces familles en éliminant physiquement ou en chassant les personnes valides considérées comme les plus redoutées opposées à eux : tels que Thierno Baly Kanyabhé installé à Dinkaya après la construction de la mosquée en 1970. Thierno Souleymane, Thierno Alimou Foyé, Thierno Ahmadou Bougou, Thierno ouleymane Sètè et tout récemment El hadj Boubacar Diallo qui est mort dans un accident de circulation entre Wédou Borou et Gaoual.

Après avoir réussi à éliminer tous les hommes valides de ces familles, ils s'autoproclament maîtres des lieux. Et maintenant ils essaient de s'attaquer aux notables les craints dont le fils de l'un des fondateurs de Missira, Diawo Moro venu de la Guinée Bissau père de feu Karamoko Sidi Diawo ; l'autre fondateur étant Baïlo Yaya Kanté bijoutier originaire de Dalaba, oncle maternel de Baïlo Djogo Kanté.

C'est suite à la disparition physique de toutes ces personnes influentes et notamment celle de feu El Hadj Madani Bah de Guémé, ex-chef de canton et ex-sous-préfet de Missira, — celles qui étaient les vrais obstacles à leurs manœuvres, qu'ils ont pu s'attaquer à Missira. Ils commencent par recenser toutes les forêts cultivables qu'ils avaient l'habitude de prêter aux voisins.

Ils les identifient et se procurent des actes de propriété qui contestent les limites coutumières ; ils réclament la propriété de ces domaines et même le village de Missira, chef-lieu de la sous-préfecture.

Pour avoir plus de force, ils mobilisent tous leurs fils ressortissants et résidents à s'organiser, à collecter des fonds et à se répartir les différents rôles à jouer et cela dans la plus grande discrétion. Sollicitant l'appui et le soutien des amis et alliés, ils récupèrent le peu de fonctionnaires en service à Missira. Ils corrompent l'autorité administrative, politique, et judiciaire, formulent des correspondances mensongères sous forme de plaintes réclamant la propriété des domaines situés dans le chef-lieu de la sous-préfecture et font des démarches pour la validation de ces actes.

Cependant, force est de souligner que Kompéta, du point de vue administratif, ne relevait plus de Missira, mais plutôt de Koba conformément au décret n° 227/PRG du 17 mai 1977.

Après avoir reçu des attestations de reconnaissance de propriété domaniale leur attribuant ces domaines, sous la signature des autorités administratives sans l'avis des notables, maîtres et témoins des temps anciens, et autres actes juridiques préfectoraux sans jugements légaux ordonnant déguerpissement et confiscations jusqu'à la réservation des domaines comme forêts classées. Ils refusent tout dialogue.

Devant cette situation de la raison du plus fort, les adversaires refusent d'obéir. L'autorité fait intervenir les forces de sécurité. Des innocents sont inquiétés, menacés, convoqués, arrêtés et emprisonnés sans être jugés et condamnés. Malgré toutes ces séquestrations orchestrées, les victimes restent catégoriques sur leur décision. Elles disent non à l'exploitation, à la domination, à l'inégalité et à l'oppression. Elles ont marre de la ségrégation et d'être appelés anciens captifs.

Déçus par ces comportements qu'ils qualifient de désobéissances, de rébellion, d'actes subversifs, ces soi-disant anciens maîtres du terroir les traitent de rebelles. Profitant des évènements survenus dans le pays (remous sociaux ayant conduit à la déclaration de l'état de siège général). Ces hommes mal intentionnés s'associent à des démarcheurs sociaux et d'autres personnes pour aller de porte en porte corrompre les forces de sécurité (policiers, gendarmes) et les militaires chargés de réprimer les agissements sur les lieux au lendemain de l'État de siège.

Les forces de défense et sécurité soient déployées à Missira, zone incriminée où ils prétendent l'existence d'une rébellion.

C'est dans ce contexte que se situe l'envoi immédiat d'un contingent spécial de militaires et de forces de sécurité sur les lieux avec l'ordre de mâter toute personne rencontrée.

Comme conséquence, sept villages furent incendiés, près d'une centaine de cases brûlées, des dizaines de maisons détruites, trois personnes tuées dont une calcinée dans sa case à Donghol-Kimpa, cinq blessés graves évacués à Kamsar, des tonnes de vivres brûlées, des animaux domestiques tués, des arbres fruitiers arrachés ; des centaines de personnes sans-abris, des forêts incendiées, des maisons pillées, des marchandises et autres matériels importants emportés, des personnes en fuite et exilées, des innocents capturés, humiliés, torturés, emprisonnés, rançonnés ; des domiciles perquisitionnés et violés. C'est du jamais vu à Missira.

Partout, c'est la peur, la méfiance, l'inquiétude et la désolation. Des missions mixtes des services de Sécurité, de Justice, du Bureau des Investigations à la Présidence sont constituées et envoyées pour non seulement évaluer la situation, mais aussi pour contrôler. Cependant, ces missions sont souvent désorientées de leur destination et trompées par des complices postés depuis Télimélé jusqu'à

Missira, via Kompéta. Ce qui rend donc difficile la manifestation de la vérité.

Le juge d'instruction Ansoumane Dounoh chargé du dossier, ne se découragea pas en dépit de la volonté de nuire l'adversaire. Il décida de changer d'itinéraire pour se rendre à Guémé sans passer par Kompéta. Le 12 août 2007, accompagné d'un cadre de Guémé, M. Mamadou Karamoko Bah, il part de Kindia pour Guémé via Sangaraédi. Il visita les localités de Kinsi, Guémé, Doghel, Sangno, Kankalibaré, Béli, Horé Séré, Kolonsoré, Doghol Kimpa et enfin Missira le chef-lieu de la Sous-préfecture.

Ces localités avaient été accusées par Kompéta d'être soit de centre de rébellion soit de centre d'entrainement de rebelles ou de dépôt d'armes. Il auditionna les citoyens rencontrés, pris des images, fit le constat des dégâts humains et matériels causés. Le juge se rendit compte que tout ce qui a été dit est dénué de tout fondement et qu'il n'existait aucun centre d'entrainement de rebelles et qu'aucun porche de rébellion n'était présent dans la zone.

De retour de mission, il fit son compte rendu, très satisfait du devoir accompli.

Ce compte rendu permit au Président de la République d'être informé de la situation réelle du conflit.

Il ordonne dès lors au ministre de la Sécurité de trouver une solution urgente à ce conflit qui n'a que trop duré.

Ainsi le mercredi 22 août 2007, une mission interministérielle de médiation et de réconciliation est dépêchée sur les lieux. Composée des ministères de l'Administration du territoire, de la Sécurité, de la Justice, des Affaires sociales, de la Défense, des Affaires religieuses et du Secrétariat d'État à la Présidence chargé des investigations, cette mission réunit tous les sages et notables, les Confessions religieuses, les responsables politiques et administratifs, la société civile, les fonctionnaires et Présidents des Ressortissants autour d'une même table à Koba, Chef-lieu de sous-préfecture, terrain neutre, pour discuter du problème.

Après débats, suggestions et amendements, les deux parties en conflit, en commun accord avec les invités, s'entendent et décident de se réconcilier, d'enterrer la hache de guerre, la haine, les rancunes, d'oublier ce qui s'est passé, de se pardonner mutuellement.

Très satisfaits des débats houleux, les membres de la mission remercient la compréhension des uns et des autres. Ils félicitent le sens de l'esprit d'entente qui a prévalu durant le débat. Ils recommandent la paix, la quiétude sociale et l'amour du prochain. Un procès-verbal de réconciliation est dressé puis signé et cacheté par les deux parties en conflit ainsi que par les membres de l'assistance et fut validé par les membres de la mission. Le rapport final circonstancié du préfet de Télimélé en date du 30 août 2007 mit un point final au conflit entre Guémé et Kompéta.

Sur tous les visages, c'est la gaieté, la fierté et le regret. Des séances de restitution ont été organisées par les membres de la mission à Missira, à Guémé et à Kompéta à l'intention de la population.

Comme conséquences de la réconciliation, les trente-cinq mandats d'arrêt décernés contre les gens de Missira furent purement et simplement annulés ; les treize prisonniers encore détenus à la maison centrale de Kindia ont été libérés. Les populations déplacées ont regagné leurs domiciles. Les activités paralysées ont repris leur cours normal. Les rapports sociaux se renouent, les coutumes et les mœurs renaissent, les unités coutumières furent maintenues, la paix et le calme règnent désormais dans la cité ; « ceux qui vivent sont ceux qui luttent », a dit Victor Hugo.

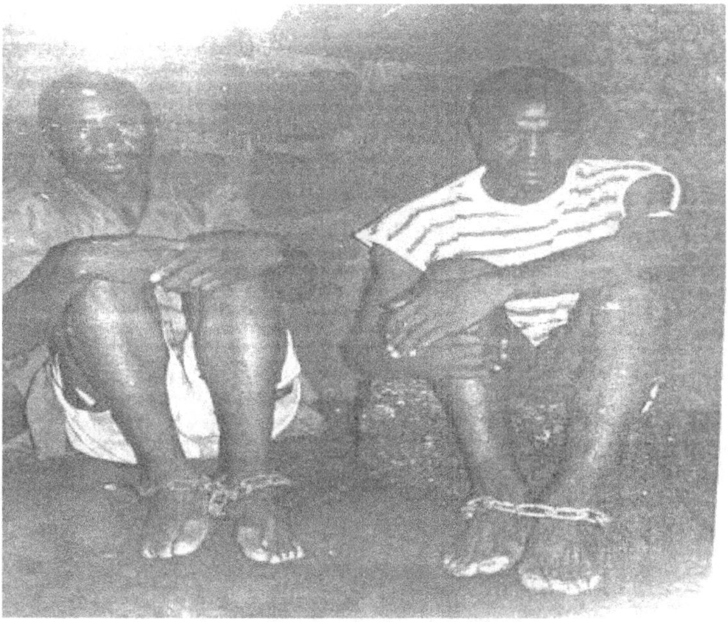

Prisonniers de Guémé à Télimélé

CHAPITRE II

Historique

Les évènements que je me fais le devoir de retracer ont eu lieu dans la sous-préfecture de Missira préfecture de Télimélé, durant la période allant du 14 octobre 2005 au 30 octobre 2007. Située à 95 Km au nord-ouest de Télimélé et à 40 Km de Sangaredi, la sous-préfecture de Missira est l'une des plus vastes de la Guinée.

Limitée à l'est par la sous-préfecture de Koba, à l'ouest par la sous-préfecture de Sangaredi Boké, au nord par la sous-préfecture de Wédou Bhorou Gaoual, et au sud par les sous-préfectures de Konsotami et Daramagnaki, elle a la forme d'une figure irrégulière, couvrant une superficie de (1712 Km^2) avec une population actuelle de 53 680 habitants dont 24 839 hommes et 28 841 femmes, répartis entre 16 districts ; son climat est caractérisé par l'alternance de deux saisons, un abondant réseau hydrographique composé de plusieurs cours d'eau, et de nombreuses terres fertiles agro-pastorales. Ses vastes étendues de terre caillouteuse et herbeuse parsemées d'arbustes sont les ''*bowé*', nom que porte la localité.

Elle était habitée autrefois par des Djallonkés, agriculteurs animistes venus du Fouta Djallon. Ces derniers furent reconvertis peu à peu à l'islam par Mama Ibrahima Mbalbalo, père de Mama Lary et Mama Ibrahima Doukoummé, père de Dian Héri et de Samba Héri. Ces animistes de la famille *Sambayankhé* vivaient dans des hameaux qu'ils ont fondés eux-mêmes ; ce sont : Wédou Leydi, Sabèrè Badè, Bhoundou Koura et Hollândhé.

Après qu'ils soient totalement reconvertis à l'islam, plusieurs autres familles les rejoignirent pour occuper la contrée, telles que les M'balbhé Wonda, les M'balbhé Hammadiyanké, les Diomiliyanké, les Gambayanké, les Nyoghéyanké, les Séléyanké, les Nyafouyanké, les Kéboubhé, les Pathéyanké, les Torobhé et les Peuls venus du Fouta Jallon, etc.

Certaines parmi ces populations se regroupèrent pour créer le village qui porte le nom de Guémé et devient par la suite Missidè Guémé, capitale de Bowè. À cette époque, la coutume voulait que tous les ancêtres et illustres personnes qui n'avaient pas été capturés et déportés, après les évènements de Gomba y furent enterrés. Le docte Thierno Diouhé, dont parle feu Alpha Ibrahima Sow dans son livre « LA FEMME, LA VACHE LA FOI >> son corps repose à Boulbinet.

À Missidé Guémé, durant la chefferie traditionnelle, chacune des familles citées plus haut avait sa place précise. C'est après et en commun accord qu'elles se divisèrent et décidèrent d'aller créer d'autres villages ailleurs. Ainsi, les M'balbhé Wonda habitèrent les villages de Houda, Tougoura, Madina, Kansi Mangui, Kéwöye et Toudhè. Les M'balbhé Hammadiyanké, quant à eux, habitèrent les villages Tyékèrè, Kounsi Boullé, Madina Popowel devenu par la suite Madina Fass, etc.. Les M'balbhé Kibiliyabhè habitèrent Safatou.

Les Diomiliyanké de Mama Tchapa habitèrent les villages de Donghol Kimpa, Kolonsorè, Horè Séré, Kounsi-Bandouma, Dognel et Donghol-Lahé. Les Diomiliankhé de Mama Noumou habitèrent à Guémé, Kama, Sakilé. Les Diomilyanké de Mama Fodouyé habitèrent à Yangalé, Guémé, Wossou. Les Gambayankés habitèrent Hore Sépou, Bhoundou-Sara. Les Séléyankhé, les Moudouyankhé habitèrent Foyé.

Les Pathéyankhé habitèrent Dara, Barkhèrè, Madinadyan, et Missira. Les Nyoguéyankhé habitèrent, Bérédyi, Daroul. Les Kébbhoubhé habitèrent Kankalibaré et Sangno. Les Torobhé habitèrent Boudou, Missidé-Kalouma et à Tanènè. Les Peuls venus du Fouta Jallon habitèrent Madina Popowel, Kansala, Bhoundhou (la source) et Wédhou (la mare) et Télirè, etc. Certains de ces nouveaux venus épousèrent des femmes dans les différentes familles citées plus haut tandis que d'autres vinrent avec leurs épouses.

Les villages tels que Kinsi, Missira, Béli, Témbéréri, Hamdallaye, Bhoundou Mama, Bhoundou Léngué, Bhoundhou Boummé, et autres furent habités par les anciens captifs des familles autochtones citées plus haut.

Les Songonbhés et les Takhouyabhés habitent Bouroure-Boki, Kompéta. Les Tabakaly habitent Telli-Tyoutè, Telli-Wora, Teliwel et Wendou-Bamba. Les Ouroubhé et les N'Dégouyanké habitèrent le village de M'Borou.

Avant la colonisation, l'Almamy de Timbo nomma les chefs théocratiques qui se succédèrent jusqu'à Alpha Mamadou Oury qui régna seize ans, puis Alpha Saliou trente-huit ans et enfin Alpha Baïlo jusqu'à pendant la colonisation qui imposa les chefs de Canton. Le premier chef de canton à Bowé fut Alpha Amadou Bella de Dara, fils de Alpha Talibhé et qui fit de Barkèrè sa capitale. Il régna de 1913 à 1936. Ensuite, Alpha Aliou Bah, fils de Alpha Mamadou Oury, régna de 1936 à 1954.

De cette date à 1957 ce fut Alpha Madani Bah, pendant le règne duquel furent supprimés les tribunaux coutumiers et la chefferie de canton. En 1960, grâce au député du PDG-RDA, feu El hadj Ibrahima Lincoln Diallo, qui, par une propagande soutenue, par l'apport de matériaux de construction et dans un élan de solidarité et de liesse populaire des braves fils de Bowé (tels que les plus grands éleveurs, feus Modi Diouhè Daroul, Modi Mika Mborou, Modi Issa Wodha-Guénal de Kankalibarè et de Modi Bora Ayenali-Wôtè de Kolonsöré qui ont volontairement sacrifié leur bétail), le poste d'Arrondissement fut créé à Bowé ayant comme chef-lieu Missira.

Le premier Commandant d'arrondissement fut Monsieur Diallo Boubacar en 1961.

Après la première République, le commandant d'arrondissement sortant est Condé Sankoun. En 1984. De 1985 à nos jours plusieurs sous-préfets se sont succédé voir la liste en annexes.

CHAPITRE III

Récit des évènements

Depuis longtemps, les communautés *Ndaghâbhé* seraient reconnues comme des gens qui se caractérisent par une cohabitation difficile. Pour preuve, dès l'abolition de l'esclavage, ils ont chassé tous leurs anciens captifs pour les éloigner loin de leur terroir. Ainsi, de Pètè Nyölde (roches en décomposition) jusqu'à la traversée du fleuve Lengourou faisant frontière avec la Guinée Bissau, en passant par Lenguéwi, Madinadjan, on ne trouve aucun village habité, rien qu'une brousse où vivent toutes sortes d'animaux sauvages (cynocéphales, panthères, lions, biches, lièvres, et autres phacochères, etc.)

Le District de Kompéta compte outre le centre d'agglomération, dix petits villages. C'est le fief des *Ndanghâbhé*, agriculteurs et éleveurs, discrets et solitaires. Après la récolte du riz de montagne, ils construisent des silos qu'ils protègent par des épines et forts de leurs connaissances occultes, ils rejoignent leurs villages, sûrs de la sécurité que procurent ces fétiches que même les animaux sauvages n'osent violer. Ils ont vécu ainsi des décennies durant dans une pauvreté quasi certaine et permanente.

Comptant en leur sein quelques maîtres coraniques qui enseignent cette science divine, ils considèrent presque tous les autres comme leurs *talibés* (étudiants) donc totalement acquis à leur cause. Avec l'exode et l'expatriation des jeunes, la vie a radicalement changé en leur faveur. Désormais, ils sont nombreux et peuvent bénéficier d'un apport substantiel de devises (dollars, euros, francs CFA) qui, avec le marché parallèle, se comptent en millions. La supériorité matérielle pousse souvent vers une tentative de domination à ceux qu'on considère comme inférieurs.

Le 14 août 2005, un incident banal éclate entre deux jeunes gens du District de Missira centre. L'un deux avaient planté des arbres fruitiers sur un domaine qu'il considère appartenant à son père. Un an après, l'autre est venu arracher les jeunes plants pour mettre à la place des plants à lui. Les premières enquêtes dévoilent le provocateur. Les sages sont sollicités pour une médiation, mais en vain. Le duel est inévitable.

Le résultat est connu d'avance : coups et blessures malheureusement. C'est le jeune qui a arraché les plants qui est blessé. Il porte plainte au poste de gendarmerie qui met le présumé coupable aux arrêts. Il se trouve que celui qui est arrêté est ressortissant de Kompéta. Les parents sont informés. Très remontés, ils se mobilisent et débarquent à Missira, arguant que la victime est un ancien captif et que d'ailleurs le chef-lieu de la sous-préfecture leur appartient de droit. Le sous-préfet est sollicité pour arbitrer le différend.

Il prend fait et cause pour celui qui a blessé qui se trouve être le premier à avoir planté les arbres fruitiers. Il lui donne raison et lui délivre le 3 septembre 2005 une attestation de reconnaissance de propriété domaniale.

L'autorité outrepasse ainsi ses droits, car elle n'est pas habilitée à délivrer un tel document alors que le chef-lieu de Sous-préfecture n'a pas encore fait l'objet d'un lotissement par les topographes et autres techniciens compétents du Ministère en charge des domaines et de l'habitat conformément au Code foncier et domanial.

Les accusés ne se considèrent pas vaincus pour autant. Ils engagent des démarches. Devant l'ampleur de la situation qui ne faisait qu'empirer, le sous-préfet invite les sages de Guémé supposés être les maîtres coraniques de ces anciens esclaves à calmer la situation.

Le Calife, Thierno Bassirou Bah, absent de la sous-préfecture au moment des faits, est invité à apporter son concours pour la résolution du problème. Toutes les médiations engagées se sont soldées par un échec.

La dernière réunion qui a fait déborder le vase s'est tenue à Missira, au domicile de Monsieur Abdoulaye Guémé Baldé, ancien Président de la CRD. Des propos malveillants et même incendiaires y ont été tenus par les deux parties. Il faut souligner cependant que les chefs religieux de Guémé et de Kompéta ont des liens de famille très serrés par le mariage. En effet, le calife de Kompéta est marié à la grande sœur de celui de Guémé. Le fils du premier est neveu du second, qui lui-même a fait le déplacement vers Guémé pour tenter de convaincre son oncle maternel. Cette intervention a été refusée, ce qui fut pour Kompéta une occasion d'administrer une sévère correction aux réfractaires.

Ce fut totalement raté, car Thierno Bassirou, Calife de Guémé n'était pas l'homme à se laisser convaincre par des arguments d'un autre temps, d'un autre âge.

Détenteurs d'une attestation de reconnaissance de propriété domaniale, les gens de Kompéta se rendent à Télimélé, chef-lieu de la préfecture. Désormais, leurs revendications ne se limitent pas à une simple reconnaissance de propriété domaniale, en plus ils réclament qu'une limite soit établie entre les deux Districts. Cette frontière devra en outre comprendre tous les domaines cultivables de Missira centre et environs. Ce qui leur permettra de bouter hors de leurs terres tous ces présumés imposteurs qui peuplent le centre de Missira.

Les autorités administratives, politiques et judiciaires de Télimélé s'impliquent et prennent fait et cause pour les gens de Kompéta. La victime de coups et blessures et sa famille sont convoquées par le juge, ils sont enfermés, menacés et effrayés. Le juge de paix confirme la décision du Sous-préfet de Missira.

Entre temps, la saison des cultures arrive. Les paysans défrichent les forêts qu'ils cultivaient depuis des temps lointains. Le juge est de nouveau saisi et il inscrit les terrains en cause comme forêts classées où la chasse, la pêche et la coupe de bois pour quelques raisons que ce soient sont formellement interdites.

Entre temps, le bureau des Ressortissants de la sous-préfecture de Missira à Conakry est informé. Il considère que la situation est très grave et qu'elle mérite toute son attention et tous ses efforts pour ramener les deux parties à de meilleurs sentiments.

De même, de bonnes volontés tentent de régler le différend parmi lesquelles, les habitants de Daroul, de Madina Fass, deux autres foyers religieux de la sous-préfecture et même des parents vivants à l'extérieur du pays, en Guinée Bissau notamment. C'est dans ce cadre que le grand frère du calife de Guémé a fait le déplacement, il a usé de tous les liens familiaux existants entre les deux parties pour calmer les ardeurs, mais en vain.

Par ailleurs, le bureau de l'association des Ressortissants de Télimélé à Conakry saisi par celui de Missira, a dépêché sur les lieux, une délégation de sept membres pour offrir ses bons offices. Elle s'y est rendue le 2 juin 2006. Elle a fait la navette entre Kompéta et Guémé. La rencontre avec les sages de Guémé a eu lieu à Kolonsoré. Le calife, jugé intraitable a accepté les propositions de réconciliation faites par la délégation et s'est dit prêt à résoudre le problème suivant le protocole présenté par les envoyés.

Mais à Kompéta, deux jours de discussion n'ont pas permis d'arriver à un consensus parce que les sages et notables de cette localité sont restés sur leur position et n'ont voulu céder aucune concession sur le lieu de la discussion notamment. Pour eux, le seul lieu indiqué est

Kompéta et nulle part ailleurs. Aussi, soutiennent-ils, les habitants de Missira doivent être exclus de la discussion. Devant cette obstination, la délégation s'est retirée en refusant même le repas qui leur était offert.

Certains membres de cette délégation qui étaient très optimistes en venant à Kompéta, en ont eu pour leur compte ; ils sont partis très déçus, car n'ayant pas été compris et étant convaincus que la seule voie de salut reste la négociation. Ces membres comptaient surtout sur une multitude de relations (amitié, mariage) qui les liaient à Kompéta. Même la tentative de faire intervenir les proches parents des gens de Kompéta qui habitent Boussoura dans la sous-préfecture de Tarihoye n'a pas permis de ramener ces derniers à de meilleurs sentiments.

Ces difficultés ont causé beaucoup de dégâts au niveau des populations paysannes de Missira centre. Non seulement, elles ont été dépossédées, mais surtout des dizaines de familles qui vivaient non loin de Kompéta pour des raisons agricoles ont été purement et simplement chassées de ces terres et transformées en populations réfugiées dans leur propre terroir.

Pire encore, de nombreuses familles, estimées à plus de quatre-vingts sont chassées des champs de Thiankôye et Bödonkon qu'ils avaient pourtant apprêtés pour la culture de riz de montagne pratiquée sur brûlis. Le prétexte a été que ces terres font partie de la zone de conflit et qu'elles appartiennent aux habitants de Kompéta quoique situées aux abords de Missira. D'ailleurs ces forêts, sont de forêts classées. Les éleveurs ont utilisé cette zone comme pâturage. Ce qui a rajouté au lot de frustrations rendant ainsi l'atmosphère détestable, voire empoisonnée.

Le 16 décembre 2005 le préfet en poste à Télimélé, à la tête d'une mission, se rend à Missira et réunit les deux parties pour tenter une médiation. Il les écoute, ainsi que les sages et les responsables de la CRD. À l'heure de la prière, les musulmans demandent à aller accomplir ce devoir religieux, mais voilà que le préfet choisit cette occasion pour traiter le Calife de Guémé d'agent subversif. Il se fâche et ne manque pas d'indiquer qu'il est déçu. Il ordonne à la police, la gendarmerie de sévir et de procéder à des arrestations à l'encontre de la moindre manifestation d'hostilité ou d'opposition à l'autorité. On était le 18 décembre 2005.

Le 20 décembre toujours infatigable et surtout conscient du danger qui plane à Missira, le bureau des ressortissants à Conakry se réunit et décide d'envoyer une mission d'information composée de quatre personnes dont deux par partie en conflit. Malheureusement, seule la partie de Guémé envoie ses représentants qui sensibilisent les parents et leur demandent de ne jamais ouvrir les hostilités.

Au mois de janvier 2006 à la suite d'une plainte déposée par la famille du jeune homme qui a blessé, trois membres de la famille du blessé sont convoqués par le juge de paix de Télimélé. À la suite d'un jugement expéditif, une décision de justice est rendue. Cette fois, c'est tout le territoire qui abrite le siège de la sous-préfecture qui est déclaré appartenir à Kompéta. Un acte est établi pour authentifier la propriété. La liberté de rentrer chez eux est accordée à ceux qui ont perdu le jugement. Cette décision n'a pas permis de calmer les ardeurs encore moins de réconcilier les parties.

De retour à Missira, les perdants n'ont pas eu le temps de rendre compte de la décision. Ils sont de nouveau convoqués pour le motif de rébellion à une décision de justice. Cette fois, des notables et même le calife du district de Guémé sont convoqués à Télimélé. Ce qui a provoqué des remous dans tout le territoire pour marquer la solidarité des fidèles citoyens à leur chef religieux. De nombreux citoyens font le déplacement de Télimélé distant d'une centaine de kilomètres de Missira.

Les personnes convoquées sont relaxées. Le sous-préfet prend en charge les frais de transport retour de ses citoyens. L'audience est reportée de fait, l'affaire n'est pas éteinte pour autant. Le 2 avril 2006, l'audience est reprise. Un procès-verbal de réconciliation entre les deux familles est établi et signé par la justice.

Au mois de juin de la même année, les accusés : Thierno Yaya Diawo, Salli Lamarana, Farba Doulla Diawo et Alpha Diop sont de nouveau convoqués, emprisonnés puis déférés à Kindia, chef-lieu de Région. Après une semaine de séjour à la prison civile de Kindia, ils sont ramenés à Télimélé par le procureur de la République.

Le 6 juillet 2006, les accusés sont jugés, condamnés à une peine d'emprisonnement avec sursis et au paiement d'une amende de trois cent mille (300 000) francs chacun. Dès cet instant l'inquiétude et même l'insécurité règnent dans toutes les familles de Missira. Des contacts sont pris à plusieurs niveaux. Les ressortissants et les résidents se concertent et cherchent des solutions.

La presse écrite est mise à contribution pour informer de la situation, c'est ainsi que dans le numéro 751 du 14 août 2006, le journal satirique le Lynx écrit en titre « ça déborde à Missira ». À la demande des ressortissants, le ministre de l'Administration du Territoire et de la Décentralisation M. Moussa Solano, reçoit une délégation de ces derniers le 16 août 2006. Informé de la situation, il décide d'envoyer une mission dans les meilleurs délais à Missira.

Les ressortissants ne croisent pas les bras et multiplient les contacts. Ils saisissent le Secrétariat général à la présidence de la République qui dépêche sur les lieux une mission composée du Commissaire de police Keïta, de l'adjudant-chef Moussa Soumah et de Monsieur Djibril CAMARA. Arrivée sur le terrain la mission procède à des investigations, des enquêtes à la prise d'éléments visuels, des interviews et des visites de terrain.

Elle ordonne la suppression immédiate d'un cachot souterrain qui était utilisé par le poste de gendarmerie. Par ailleurs, elle prêche l'unité et la réconciliation entre tous les citoyens. Aux dires des missionnaires, leur séjour a été couronné de succès au regard de l'accueil et toutes les bonnes conditions créées par les citoyens rencontrés.

Pendant tout ce temps, le calife de Guémé était à Conakry. Des groupes de soutien à sa personne et à son rang se sont spontanément formés pour réclamer qu'il soit mis fin au harcèlement, à la calomnie dont il est injustement l'objet.

Dans le camp d'en face, les gens se sont mobilisés avec le même élan, la même hargne. Leurs parents expatriés ont collecté des fonds. Des écrits ont été faits à l'autorité accusant les gens de Guémé de rebelles et affirmant grossièrement que des camps d'entrainements existent à Doghel, Sangno et Wèduleydi. Tous les moyens de propagande et de désinformation sont utilisés de part et d'autre. Des tee-shirts à l'effigie de personnages qui se sont distingués pour le maintien de l'unité et de la paix dans le *Bowé*, sont imprimés. L'objectif visé était de convaincre le ministre de l'Administration du Territoire prochainement attendu à Missira.

Cette délégation arrive le 5 décembre 2006, conduite par le Gouverneur de la région Administrative de Kindia M. Mounir Camara ; elle comprenait en outre tous les chefs de services régionaux ainsi que les responsables préfectoraux de Télimélé dont le Préfet lui-même, le juge de Paix, le Commandant de la Gendarmerie, le Commissaire de police, etc.

La mission arrive donc à Missira, sans avoir fait escale à Kompéta. Les citoyens se sont massivement réunis. Ils s'alignent sur les deux bords de la route. Dans l'enthousiasme et sous des applaudissements nourris, ils accueillent les missionnaires. Au centre d'accueil, hommes, femmes, jeunes et vieux des deux parties étaient là attendant impatiemment le verdict de l'autorité. Après le déjeuner, les débats commencent. Les deux parties sont assises face à face, chacune derrière son calife.

Le sous-préfet de Missira ouvre la rencontre en présentant succinctement la genèse du problème. On notait aussi la présence effective des membres du bureau de la Communauté rurale de Développement. Ensuite, c'est le Préfet de Télimélé qui prend la parole pour présenter dans un langage voilé la situation. Le procureur de la République près de la cour d'appel de Conakry à Kindia intervient aussi pour dépeindre la situation.

Enfin, le Gouverneur de la Région administrative de Kindia, dans un long discours, prodigue de sages conseils aux citoyens, aux citoyennes et aux deux Califes. La parole fut donnée aux citoyens puis aux chefs religieux chacun expliqua à l'autorité comment selon lui, cela était arrivé et proposa des solutions.

Satisfait du discours écouté de part et d'autre, le Gouverneur, Président de la rencontre, affirma haut et fort qu'il n'était pas venu pour modifier des limites qui existent bien avant le temps colonial, il précisa qu'à leur connaissance ces limites n'avaient jamais opposé les deux contrées. S'il y a des oppositions, c'est entre des citoyens de même village ou de villages voisins, mais jamais formellement entre Guémé et Kompéta. Il ajouta que la mission n'était pas venue pour soutenir un camp contre l'autre également.

Plutôt leur présence se justifie pour dire solennellement que tous les citoyens sont égaux devant la loi, qu'il n'y a pas de citoyens inférieurs et d'autres supérieurs. Le chef-lieu de la sous-préfecture appartient à toutes les citoyennes et à tous les citoyens de Missira ; il invita les deux parties à enterrer la hache de guerre, à revenir à de meilleurs sentiments, à prôner la paix, la réconciliation et l'amour du prochain.

Il demanda aux deux Califes de se respecter mutuellement et pour parapher la réconciliation de se serrer les mains. Le plus jeune se lève et se dirige vers le plus âgé. La foule emboite le pas aux deux Califes et s'invite au pardon et au resserrement des liens d'amitié et de fraternité. Des photos sont prises, les déclarations sont enregistrées sur bandes sonores, le procès-verbal de la rencontre est signé. La séance fut levée à 21 heures. La mission avant de se retirer, donne mandant au sous-préfet de multiplier les accords obtenus au niveau de tous les Districts en mettant l'accent sur les villages en cause des deux côtés.

Du côté de Guémé, c'est la joie, la fierté qui étaient perceptible sur tous les visages, car pour les citoyens, la justice a été rendue. Son Calife est raccompagné avec des chants, des cantiques religieux jusqu'à sa demeure. Cette joie a été célébrée la nuit durant en chantant la grandeur, la gloire divine.

Du côté de Kompéta, au contraire, c'est la désolation, la haine, le sentiment de frustration et la rage de vengeance. Le Calife verse des larmes. Le Gouverneur a apprécié à sa juste valeur le digne comportement du Calife de Guémé et cela en dépit de son jeune âge.

Les gens de Kompéta ne s'avouent pas pour autant vaincus. Ils décident de passer à l'offensive. Cinq jours plus tard, un groupe de jeunes gens conduit par un certain Waréya, se rend à Missira, chez le sous-préfet. Ils annoncent que toutes les citoyennes et tous les citoyens de Kompéta rejettent catégoriquement le protocole d'accord établi par la mission. À la prière de 17 heures tenue à la mosquée de Missira, ils réitèrent les mêmes propos. Ils ajoutent qu'ils ont été humiliés et qu'ils laveront l'affront, le centre de Missira leur appartient.

La rivière Keylen sert de limite entre Guémé et Kompéta, et non pas le Bowal de Siranaï et Simbarahoye. Le 28 décembre 2006, sur l'invitation du sous-préfet de Missira, le préfet de Télimélé se rend à Missira pour l'inauguration du nouveau site du marché de la Sous-préfecture. Tous les citoyens sont mobilisés pour rendre plus solennel l'évènement. Le Préfet, prenant la parole, indique que non seulement, il est là pour la cérémonie d'inauguration du nouveau site pour le marché, mais aussi pour informer la population de Missira que les autorités préfectorales n'ont pas été consultées lors de l'établissement du protocole d'accord présenté par le Gouverneur de Kindia.

Il ajoute que la Préfecture a été contournée, bafouée et mise devant le fait accompli. Par conséquent, il informe que l'autorité préfectorale rejette l'accord et maintient la décision du juge de paix de Télimélé qui avait déjà délivré une attestation de reconnaissance de propriété sur le site de Missira. Pour lui les citoyens de Guémé soudés à leur Calife ne sont que des rebelles à une décision de justice. Comme l'autorité est là pour faire respecter la loi, elle ne dérobera pas à cette règle.

Cependant, l'autorité préfectorale n'a pas jugé utile de polémiquer avec les chefs hiérarchiques. À présent, il dit solennellement ici et maintenant que ce protocole est nul et de nul effet. Il met en garde la partie de Guémé contre toute réclamation de la décision judiciaire.

Ces déclarations du premier magistrat de la préfecture ont suffi pour jeter le feu à la poudre, car elle démontre s'il en était besoin que la préfecture est incapable de résoudre le problème et fait preuve de corruption avérée dans cette affaire. Après le retour du préfet, le Sous-préfet procède à la répartition des parcelles déjà aménagées sur le site du marché. Il fait la part belle aux gens de Kompéta qui se taille la part du lion dans cette répartition. Ceux qui sont lésés déclinent l'offre et rejettent la répartition. Un bras de fer s'engage entre eux et le Sous-préfet.

Une sainte pagaille s'instaure au marché. Le Sous-préfet paniqué va jusqu'à porter la main sur un citoyen de Guémé. Les autres prennent fait et cause pour leur concitoyen. Pris de peur le Sous-préfet tente de s'enfuir vers Kompéta pour demander leur protection. Mais la tension est montée à son plus haut niveau. Des pierres sont lancées. Un citoyen est blessé. Cependant, d'autres citoyens prennent en charge la protection du Sous-préfet qu'ils réussissent à extraire du tohu-bohu. Les manifestants s'attaquent à la résidence à laquelle des dommages matériels sont causés. Tous les fonctionnaires en poste à Missira vont se réfugier à Kompéta.

Nous sommes en janvier 2007, suite au mot de grève lancée par l'intersyndicale de l'éducation. Le mouvement couvre tout le pays. Arrivé à Télimélé centre, le sous-préfet de Missira informe son chef hiérarchique de la situation qui prévaut à Missira due aux déclarations qu'il a faites pour tenter de recoller les morceaux ; le préfet dépêche à Missira une mission conduite par le Secrétaire général chargé des Collectivités décentralisées pour ramener et réinstaller le sous-préfet fugitif.

Cela coïncide aux casses et pillages des édifices publics dans tout le pays. La résidence est de nouveau attaquée. C'est le sauve-qui-peut, le sous-préfet s'enfuit sans emporter ni chaussures ni habits. La peur et la fatigue rendent sa fuite difficile. Il est étouffé et tombe après sept kilomètres de course. Il est transporté à Kompéta par des citoyens qui l'ont trouvé. De Kompéta, il est évacué sur Télimélé centre. Son état de santé se dégrade et il est évacué à l'hôpital régional de Kindia. Un mois après, il décède, le 4 février 2007. Il laisse derrière lui une veuve et deux enfants.

Suite à ce décès, les citoyens de Guémé dont les noms suivent sont accusés d'avoir battu le sous-préfet et être auteurs de tous les actes de vandalisme à Missira. Ce sont : Farba Doulla, Alpha Diop, Soura Camara, Sidy Touré, etc.

Ils sont arrêtés et emprisonnés à Télimélé centre. Cependant, les mouvements de grève et de désobéissance civile s'intensifient dans tout le pays. Les édifices et biens publics en font les frais. Les autorités administratives sont chassées de leurs postes devant la gravité de la situation, l'État décrète l'état de siège dans tout le pays. C'était le 12 février 2007.

Des loubards s'attaquent à la prison civile de Télimélé où sont incarcérés les accusés cités plus haut. Les portes et fenêtres volent aux éclats. Les détenus s'évadent et disparaissent dans la nature le 14 février 2007. Ceux de Missira rentrent chez eux. Les ressortissants de Missira sont accusés d'avoir commandité la destruction de la prison civile pour libérer leurs parents.

Ils sont recherchés puis arrêtés et sommés de ramener les prisonniers à la maison de détention. Un groupe d'hommes armés (les bérets rouges) quadrille la ville pour tenter de ramener le calme et un couvre-feu est instauré de 18 h à 6 h du matin. Les jeunes révoltés se sauvent et disparaissent dans la nature. La situation d'insurrection générale a été mise à profit par les gens de Kompéta pour donner une sévère leçon aux gens de Guémé suite au protocole d'accord établi par le Gouverneur de Kindia. La répression des forces de l'ordre est requise par les gens de Kompéta

Un camion rempli de militaires armés jusqu'aux dents est envoyé à Missira centre.

Les hommes armés seraient guidés dans leur acte répressif par des jeunes gens autochtones de Missira, mais à la solde des gens de Kompéta.

Au petit matin du 25 février 2007, ils pénètrent dans la cité où les habitants dormaient paisiblement encore. Ils tirent dans tous les sens, sèment la terreur et la panique. Ils mettent le feu aux paillotes cassent les maisons en dur ou semi-dur, arrêtent sans discernement toute personne rencontrée ou débusquée. La moisson est importante : douze citoyens, dont deux femmes, sont arrêtés. Ces premières opérations terminées, les assaillants se replient emportant avec eux prisonniers et butin, car ils ont pris tout ce qu'ils ont trouvé en nature et en espèces.

Une deuxième attaque a lieu dès le lendemain 26 février 2007, cette fois les dégâts sont plus importants. En plus des cases brûlées, des bâtiments détruits, des arbres fruitiers sont abattus. Le centre de Missira devient une zone déserte, sinistrée. Tous les habitants ayant échappé aux arrestations se réfugient en brousse ou dans les villages les plus éloignés.

Devant cette répression féroce et sans fondement, orientée uniquement contre les gens supposés appartenir au groupe de Guémé, les citoyens décident de s'organiser pour se défendre. Ils se réunissent autour de leur Calife à Guémé et s'entendent sur les actions à mener et des stratégies à utiliser. Les idées sont partagées. Pour certains, il faut porter l'action jusqu'à Kompéta, mais pour d'autres il faut exclure toute idée de vengeance. Le premier prend le dessus sur le second.

C'est ainsi que le 28 février 2007, un groupe comprenant de jeunes gens armés de coupe-coupe, de machettes, de fusils de chasse, de gourdins, prend le départ pour Kompéta. Il s'arrête néanmoins à Dounkiré, un village habité par des ressortissants de Kompéta, estimant que le nombre n'était pas suffisant pour attaquer l'agglomération de Kompéta.

Des cases sont calcinées, des maisons détruites, deux personnes capturées et emportées comme otages. Ces personnes subissent de graves sévices corporels.

Le groupe bat en retraite. Des renforts sont sollicités de Télimélé pour mettre sur pied un Post Avancé (PA) à Missira. Le 2 mars 2007, un contingent de militaires et de gendarmes arrive donc avec pour mission de faire un ratissage systématique. Les gens sont arrêtés, battus, rançonnés. Des animaux domestiques tués par des coups de fusil et consommés. Tous ceux qui sont arrêtés sont déférés à Télimélé après quelques jours de sévices et de tortures inhumaines sans le moindre respect des droits humains.

Les gendarmes ont été dépêchés par l'État-major général inter-armée à partir des escadrons mobiles de Hamdallaye, Matam, Kindia et de Télimélé. Pour cette macabre opération, les gens de Kompéta auraient casqué cinquante millions de francs guinéens par l'intermédiaire d'un démarcheur très connu dans le milieu des affaires guinéennes.

La mission punitive était sous les ordres d'un colonel de la gendarmerie régionale de Kindia. Pour parvenir à Guémé, la mission a contourné Missira. En effet la première mission avait subi l'opposition farouche et vive de Guémé entre Missira et Kolonsoré. Trois militaires sont blessés par des machettes parmi lesquels un rendra l'âme à l'hôpital de Télimélé. Auparavant un des militaires avait abattu de sang-froid un jeune homme de Guémé non armé (Oumarou Camara de Kinsi).

À partir de Dounkiré, l'expédition se rend à Kalîfa, un hameau situé à l'Est de Guémé. Des cases sont brulées et des personnes arrêtées. Les habitants ont naïvement cru que les hommes armés venaient à leur secours, car ce même hameau avait essuyé les foudres de Kompéta après le passage de gens de Guémé à Dounkiré. La mission arrive donc à Guémé, dans la surprise générale, car les gens s'attendaient à ce qu'elle vienne de Missira via Kolonsoré, Horè-Sèrè et Kinsi. Ils réunissent tous les habitants avec la même stratégie de mission, de pacification.

Pendant qu'elle parlait, des loubards qui la guident, se dispersent dans le village, chef-lieu de District et chef-lieu de l'ancien canton de Bowè, ils mettent le feu aux paillotes, brûlent des maisons, s'attaquent aux symboles de l'islam : la mosquée, le domicile du Khalife dans lequel ils mettent tout sens dessus dessous : les reliures du Coran et autres documents hérités du Waliou Thierno Ibrahima Diogo ne sont pas épargnés.

Les tapis de prière, les photos suspendues aux murs sont déchirés, les conseillers de la mosquée, les sages, le Président du district, hommes, femmes, jeunes et vieux, sont tous arrêtés, ligotés les uns aux autres, déshabillés, exposés au soleil.

C'est une véritable ''razzia'' qui a été opérée. Le président du district, âgé de plus de soixante-dix ans est particulièrement soumis à des sévices corporels et humiliation sans commune mesure avec son âge, le rang social qu'il occupe et les responsabilités politiques et communautaires qu'il assume. La mère, les frères, sœurs et neveux du Calife sont arrêtés à la place de ce dernier qu'on n'a pas trouvé sur les lieux.

Seuls quelques habitants du village qui étaient allés faire quelques travaux en brousse, couper du bois ou de la paille ou qui étaient en déplacement dans les villages voisins ou enfin qui ont réussi à s'enfuir ont échappé à cette furie criminelle des gendarmes, des escadrons mobiles de Matam et Hamdallaye. Les véhicules de marques Toyota immatriculés GN 250057 ; AG 350495 et EGM3 ont été utilisés pour faire le déplacement. Les prisonniers au nombre de vingt-deux personnes sont transportés à Missira dans des conditions inhumaines.

Ils sont attachés aux arceaux des véhicules et escortés par des hommes armés, drogués, n'ayant aucune considération pour la race humaine.

L'opération de Guémé étant terminée, le convoi se dirige vers Kinsi, la plus grosse agglomération de la sous-préfecture. Mais ici, les habitants avaient eu le temps de se mettre à l'abri en se réfugiant dans les grottes et les forêts voisines. Les forces de l'ordre et la horde de miliciens payés par les gens de Kompéta n'ont eu aucune peine à déverser leur foudre dans ce village. Les mêmes scènes se reproduisent : cases et maisons incendiées, quelques trois personnes arrêtées, des silos saccagés et leurs contenus en vivres emportés.

Ce fut ensuite le village de Horè-Sèrè qui a été attaqué. Huit villages et hameaux sont brulés. Ici, pas de personnes arrêtées, les habitants ayant réussi à s'enfuir avant l'arrivée des assaillants. À Kolonsoré, village jumeau à celui de Horè-Sèrè seules deux petites cases ont été incendiées. Après cette sinistre opération, la nouvelle de l'attaque des villages de Guémé, Kinsi, Horè-Sèrè et Kolonsoré s'est propagée dans tout le *Bôwè* comme une trainée de poudre.

Les habitants ne se sont donc pas fait prier pour déserter les villages. Même les malades et les personnes âgées ont été transportés en brousse. Les villages et hameaux sont devenus déserts.

Un climat de méfiance et de peur s'installe dans toute la zone. Ce climat a été surtout amplifié par le comportement désobligeant de hordes armées venant de Hafia dans Missira et Kompeta. Pour rappel, signalons que le commanditaire est celui-là même par lequel toute l'histoire a commencé.

En effet, c'est lui qui avait battu et blessé le jeune de Missira qui avait arraché ses plants.

Ce groupe de nervis s'est permis toute sorte d'exactions sur la population : conduite d'opérations d'incendies, de pillages de biens matériels et financiers, de chansons insidieuses, de destruction de photos de personnalités de Guémé, d'abattage et de consommation de la viande d'animaux domestiques trouvés dans les villages attaqués, etc.

La mission punitive envoyée à Guémé a recueilli sur bande vidéo une partie de la scène qu'elle a jouée elle-même sur les lieux. Fort malheureusement, ces images étaient truquées, partiales et ne montraient que ce qui était favorable aux commanditaires de représailles. À titre d'exemple, les images ne montraient aucune case brûlée, aucune maison détruite, aucun pillage opéré.

Le 14 mars 2007, un autre épisode tragique se joue à Doghol Kimpa, situé à trois kilomètres de Missira centre et village natal du Calife de Guémé. En effet, alors que les différentes expéditions étaient de retour à Télimélé et Conakry, le nommé Wareya, fils du religieux de Kompéta, décide d'attaquer le village natal de sa mère. Ce village est connu pour ses greniers de céréales (riz, maïs, mil, fonio), mais aussi pour ses réserves financières, matérielles et vestimentaires.

C'est un village de gros cultivateurs et éleveurs. Un groupe de loubards s'y rend. Il fait halte à N'Danta, un verger appartenant à l'ex-trésorier de la CRD. Ils coupent des arbres fruitiers (orangers, manguiers, bananiers, colatiers), défoncent des portes, s'emparent de biens meubles (matelas), groupe électrogène, un lot d'habits et autres ustensiles de cuisine. À Doghol Kimpa, le groupe se rend au domicile du cousin du calife de Guémé et gardien des récoltes de ce dernier.

Il donne aux personnes trouvées sur place, l'ordre de vider la maison afin qu'il y mette le feu. Même si le commanditaire du conflit a sa nièce mariée à un des enfants du cousin du Calife qu'il avait trouvé sur place, cela ne l'empêche nullement de sévir contre cette famille.

Pour ceux qui sont sur les terrains, leur repas est envoyé par le nommé Waréya à bord d'une voiture apprêtée à cet effet. Cette voiture fait des va-et-vient à longueur de journée et même les nuits entre les différents villages victimes. Je précise que le nommé Waréya est le cerveau de ces évènements tragiques. C'est lui qui a planifié et ciblé les attaques, c'est lui qui les a exécutés, les a soutenus, les a favorisés, les a encouragés, il est l'élément essentiel dans ce conflit. Il est et reste le principal responsable devant Dieu et devant les hommes de tous les dégâts causés et même les pertes en vies humaines.

Il pousse le comble jusqu'à mettre le feu à une case où dormait un jeune homme de 18 ans (Mamadou Oury Bah) malade mental de son état ; ne pouvant s'enfuir, il perd la vie dans les flammes, calciné. N'étant pas satisfait de ses exactions, le groupe armé arrête trois personnes et les conduits à Missira centre. Le groupe de Kompéta fort de sa supériorité matérielle continue de sévir sur celui de Guémé en tenant coûte que coûte à mettre la main sur le chef religieux de Guémé ainsi que tous ses proches. Pour cela la radio rurale de Kindia est mise à contribution pour un battage médiatique sans précédent, tout le mal est dit sur ce dernier.

Il est accusé de recruteur de rebelles depuis la Gambie et la Guinée Bissau alors que son arrière-grand-père est cofondateur du village de Missira avec Bailo Yaya, venant de Dalaba. Le procureur de la République à Kindia lance un mandat d'arrêt contre le chef religieux de Guémé. Une rançon est même promise à toute personne qui aurait aidé à l'arrêter. Devant l'ampleur et la gravité de la situation, les citoyens, les ressortissants, tant bien à l'intérieur qu'à l'extérieur se mobilisent. Ils font face à Dieu le Tout-Puissant par des lectures de versets du saint coran, des prières pour une solution heureuse à cette douloureuse situation. Le Calife qui ne se reproche de rien circule entre Guémé, Kamsar et Conakry. Il a le soutien de sa famille et de ses disciples.

C'est ainsi qu'il est mis sous la protection d'un capitaine de la garde présidentielle qui est allé le chercher à Kamsar pour le mettre dans un lieu sûr, puis entre les mains du ministre de la Justice d'alors. Des démarches sont faites tous azimuts pour faire arrêter le religieux. L'association des Ressortissants décide d'aller le présenter à l'autorité, mais cette voie n'était pas de l'avis de tous. Ce qui fait qu'une mission dépêchée nuitamment à Kamsar est rentrée bredouille, car l'intéressé était déjà en un lieu sûr à Conakry. L'autre côté ne démord pas pourtant.

Une mission commandée par un Colonel du camp Kémé Bourama de Kindia est envoyée à ses trousses. Là encore c'était un échec, car le protecteur ne cède pas. Les tractations, des va-et-vient entre Kamsar et Conakry sont faits.

Sont mises aux arrêts les personnes considérées comme des meneurs et conseillers du chef religieux, à savoir Amadou Diogo Baldé, Oury Djodja Bah et Thierno Amadou Bah, respectivement frère, cousin et neveu du Khalife ; elles sont arrêtées et détenues à l'escadron mobile de la gendarmerie de Matam. Des intimidations, des tortures morales, même des perquisitions sont faites à leurs domiciles à la recherche du guide religieux.

Les parents du Calife arrêtés sont soumis à des tortures physiques. Oury Djodja est menotté les bras au dos pendant des heures alors qu'Elhadj Ahmadou Bah est déshabillé et mis à genoux sur du gravier toute une matinée. Tout cela n'avait de motif que pour extorquer des aveux à ces deux proches parents du Calife. Ils y ont été détenus jusqu'au lendemain à 19 heures. Ils ont reçu le soutien des parents, amis et alliés.

Les habitants qui étaient réunis sont invités au siège de l'escadron mobile de la gendarmerie de Matam pour visionner la cassette vidéo réalisée lors de l'expédition de Guémé. Les présidents des Ressortissants de Missira et de

Télimélé se sont engagés de garantir la non-fuite des trois personnes arrêtées qui, de ce fait furent remises en liberté. La vidéo n'a montré que le côté apparent de l'iceberg.

Comme relaté plus haut on n'a montré que des personnes arrêtées, ligotées aux poignets ; la maison du Calife mise à sac ; sa mère et ses sœurs détenues ; des arbres coupés et placés à travers la route pour montrer l'état de belligérance de la soi-disant rébellion du coin.

Revenons un peu sur le transfert des personnes arrêtées à Guémé, Kinsi et Missira à Kindia via Télimélé. Quand ce convoi est arrivé à Kompéta, chef-lieu du camp rival de Guémé, il a été stoppé pour permettre aux populations de sortir de leurs maisons et même de la mosquée pour venir observer les soi — disant prisonniers, les ridiculiser, les humilier, les conspuer, les traiter de rebelles, etc.

Lesdits prisonniers étaient embarqués dans un camion, leurs mains attachées aux arceaux et traverses du véhicule qui étaient du reste couverts d'une bâche. Arrivés à Kindia, ils ont été jetés au sol comme des animaux. Après les formalités d'usage, ils ont été jetés dans des cellules de la maison d'arrêt de Kindia.

Ils étaient au nombre de quarante-deux personnes, dont six femmes, trois mineurs, dont deux garçons. Le feuilleton judiciaire continue. Des plaintes contre le Calife sont déposées auprès du procureur de la République de Kindia.

L'inspecteur général aurait demandé dix mille dollars (10 000 USD) pour régler le problème. La moitié lui aurait été remise. La première comparution des accusés a eu lieu le 19 avril de 15 h à 17 h entre temps, le ministre de la Justice change de main. Madame Paulette Kourouma est la nouvelle ministre. Elle hérite du dossier lourd et controversé. Une série de missions est envoyée à Missira pour enquêter, mais sans succès, car le dossier est vide. Le bureau des Ressortissants envoie une mission de sages.

De Télimélé à Kompéta, cette mission reçoit des informations uniquement en faveur de Kompéta. Par exemple, on leur signale l'existence d'un camp d'entrainement de rebelles à Doghel, un hameau du district de Guémé, un autre camp à Sangno. Les membres de la mission ne s'entendent pas sur la stratégie à adopter, certains proposent aux sages rencontrés de reconnaitre par écrit leur tords et de demander le pardon de l'autorité, les autres refusent la supercherie et s'opposent à cette proposition.

Le religieux de Kompéta adresse au procureur de Kindia une correspondance dans laquelle il accuse la Gambie d'être responsable de cette rébellion pour le simple fait que le Calife de Guémé a étudié à Bansan en Gambie et qu'il s'y rend régulièrement.

Toutes les missions envoyées à Missira passant par Kompéta ont été dévoyées et corrompues par cet endroit. Seules celles qui passaient par Sangaredi pour Missira étaient à même de recevoir des informations réelles du camp de Guémé. La chausse-trappe des gens de Guéné continua de plus belle. C'est ainsi qu'au petit matin du 18 mars 2007, deux gendarmes munis d'un mandat d'arrêt à l'encontre de M. Oury Djodja Bah se rendent au domicile de ce dernier à bord d'un taxi RC 4375 F conduit par un certain Alpha Oumar.

Ils le conduisent directement à la brigade de gendarmerie de Kindia sans torture ni menace. Les gendarmes auraient été guidés par un proche de Oury Djodja.

Le prévenu fut conduit auprès du procureur par un certain lieutenant Barry. Il sera détenu à Kindia pendant dix jours et sera auditionné suivi d'un procès-verbal. Il a été accusé, entre autres, de complicité de malfaiteurs, de destruction d'édifices publics. Il se défend comme il le put en rejetant toutes les accusations sans preuve. Il a dû verser une rançon d'un million cinq cent mille francs par l'intermédiaire d'un certain Capitaine Baldé de l'armée qui accepta de plaider sa cause et de prendre la garantie d'élire domicile en sa faveur.

Après cela il fut libéré et quitta la gendarmerie où il était à la garde à vue depuis le 29 mars 2007.

Pendant la détention de M. Oury Djodja Bah à Kindia, les personnes qui étaient arrêtées à Missira lors d'une troisième descente, déposées à Télimélé, sont transférées nuitamment à Kindia tout simplement parce qu'on a flairé l'arrivée d'une imminente délégation des Ressortissants pour demander leur libération sans condition. Une autre manœuvre dilatoire était aussi opérée par les autorités de Télimélé qui n'hésitaient plus à arrêter toute personne rencontrée à Missira et dans ses environs. Dans ce lot il y avait même des malades.

Ce groupe de personnes a subi toutes sortes d'exactions, attachées soit les uns aux autres, soit aux arceaux des camions qui les transportaient ; ils sont restés dans ces conditions de 19 à 6 heures le lendemain. Ils avaient faim, ils étaient assoiffés et donc fatigués quand ils arrivaient à Kindia. Après le protocole de prise en charge à la prison civile (identification, enregistrement, séances de photographie) ils sont jetés dans des cellules communes. Ils sont au nombre de quarante-deux, dont six femmes et trois mineurs. Une vraie chasse à l'homme. Des regroupements des Ressortissants de Missira à Conakry furent organisés systématiquement à Kindia, à Télimélé et même à Conakry.

Ce qui a fait créer chez les citoyens un climat de peur et de soupçon. On se cache comme on peut. Dans cette situation, les habitants des villages de Guémé utilisent le terrain. Ils se réfugient dans les forêts et même dans les grottes. Le moindre bruit est un signe de panique. Chacun a peur que sa cachette ne soit connue et qu'il soit ainsi déniché et livré à l'ennemi. Les forces de l'ordre et leurs hordes d'éclaireurs sévissent.

À Conakry les parents des personnes emprisonnées à Kindia s'organisent pour faire libérer ces derniers à n'importe quel prix. Le Jude de paix de Télimélé est remplacé, un juge d'instruction est nommé pour s'occuper de ce dossier compliqué de Missira. L'intervention des Ressortissants de Missira à Conakry, parents des prisonniers porte ses fruits. Des libérations sont obtenues contre le paiement d'un montant de cinq cent mille à un million de francs guinéens par personne.

Une dizaine de personnes sont concernées par cette mesure. Le tribunal de première instance de Kindia saisi du dossier ouvre une enquête. Chaque partie en cause prend conseil. Pendant ce temps le problème est transféré sur un autre angle, qui est celui du religieux, donc très sensible. En effet la partie de Kompéta a ses maîtres coraniques à Koula Maoudé alors que celle de Guémé est affiliée à Sagalé. Chacun de ces foyers coraniques apporte son soutien total et sans condition à ses étudiants (talibés). D'énormes sacrifices sont consentis. Des prières nombreuses sont dites pour l'obtention de la victoire, de la vérité.

Du côté du tribunal on cherche par tous les moyens de meubler le dossier du reste vide. Le principal chef d'accusation trouvé est la complicité avec les malfaiteurs, la destruction d'édifices et de biens publics (incendie du village de Dounkiré, allié de Kompéta) ; une femme de Guémé, sœur du calife du coin est accusé d'être l'auteur de vol d'une somme d'argent appartenant à un commerçant de la localité. Ce vol aurait eu lieu lors de l'attaque de Dounkiré par les gens de Guémé.

Cependant ce commerçant était absent du lieu au moment des faits. Une cinquantaine de mandats d'arrêt sont délivrés à l'encontre des parents et amis du religieux de Guémé. Ce dernier est d'ailleurs placé sous contrôle judiciaire et doit se présenter deux fois par semaine à Kindia. L'action judiciaire ne coupe pas cependant, les négociations et tentatives de règlement à l'amiable. C'était sans compter avec la détermination des gens de Kompéta d'en découdre avec ceux de Guémé.

Des assassinats ciblés sont programmés à l'endroit du jeune Calife de Guémé qui veillait cependant au grain. Ces tentatives échouent donc lamentablement devant la stratégie de défense adoptée par l'accusé. Il change régulièrement de domicile, semant ainsi l'ennemi en dépit de son obstination. Une manœuvre subtile réussit néanmoins au camp de Kompéta.

La chambre de mise en accusions ordonne la libération de la mère et d'une des sœurs du religieux de Guémé et en même temps son arrestation à lui. Il est ainsi mis à la disposition du régisseur de la prison civile de Kindia. C'était le vendredi 20 juillet 2007.

Cette nouvelle a été très mal accueillie au sein du camp de Guémé. Les parents, amis et alliés ont été affligés quand ils ont appris cette nouvelle. De l'autre côté, elle a été prise pour une nette victoire sur l'ennemi. En effet tous les moyens ont été utilisés pour parvenir à cette fin. Ils avaient promis de jeûner pendant trois jours dès qu'ils auraient la peau de Thierno Bassirou Bah. Comme ils venaient de réussir à le mettre en prison, même si cela ne durait que le temps d'une nuit, ils étaient aux anges, satisfaits d'avoir emprisonné un adversaire prétentieux même s'il était innocent.

Cet acte infâme, certes très pénible, ne décourage cependant pas la famille de Guémé, du reste très croyante. Elle est convaincue que l'arrestation de son fils n'était possible qu'avec la volonté de Dieu, le Tout-Puissant, le miséricordieux. Des rencontres sont organisées et des dispositions sont prises pour obtenir sa libération.

Au total ce ne sont plus que treize personnes qui sont détenues à Kindia en même temps et à cause de Thierno Bassirou Bah. Parmi ces personnes on dénombre deux femmes et un frère de lait du chef religieux. Le calvaire dura deux nuits pour l'homme de Dieu. Il est désormais confortablement installé à la bibliothèque du centre culturel de la prison de Kindia avec matelas et moustiquaire après avoir payé une caution de cinq cent mille francs guinéens. Ce qui lui a permis de se soustraire d'au moins cent bandits jugés dangereux et au sein desquels il n'avait réellement pas sa place.

À partir de ce moment, son avocat se démène comme un beau diable pour obtenir la libération de son prestigieux client.

L'arrivée du chef religieux, le calife à la prison de Kindia a été une bouffée d'oxygène et un ouf de soulagement pour ses parents qui y étaient détenus et même pour la plupart des prisonniers de cette maison d'arrêt. Homme de Dieu, respecté et respectable malgré son jeune âge, Thierno Bassirou, gagna très tôt la confiance et l'estime du régisseur qui demanda formellement à tous les gardiens et notamment au gardien-chef de l'entourer de tous les soins possibles et de lui accorder le respect dû à son rang.

Son séjour dura ainsi pendant une semaine. Les sieurs El hadj Amadou Djogo Baldé et Oury Djodja Bah furent arrêtés à Conakry et déposés d'abord au commissariat de police de Ratoma le vendredi 27 juillet 2007 à 21 h 5. Ces deux derniers sont accusés d'être le cerveau moteur de l'insurrection.

Leur arrestation a été menée de nuit (21 h et 22 h) respectivement à leur domicile, mais elle a été faite sur mandat déposé par un huissier accompagné de gendarmes et de la police antigang. Cependant, c'est une arrestation illégale qui viole les droits de l'homme, car opérée de nuit.

À Ratoma les personnes arrêtées subissent un interrogatoire préliminaire d'un commissaire de police. Il a été ordonné par Maître Pépé Koulemou, avocat de la partie civile de leur mettre les menottes pour éviter toute fuite éventuelle.

À cette allégation, les mis en cause rétorquent qu'ils ne se reprochent de rien et que par conséquent, ils n'ont nulle intention de s'enfuir, car ils n'ont pas peur. C'est dans les environs de 23 h qu'ils ont été embarqués dans une voiture de marque Nissan et qu'ils ont été conduits à Kindia sous bonne escorte où ils sont arrivés à 3 h du matin.

En homme de loi, le régisseur de la prison de Kindia refuse de les recevoir, arguant qu'il faisait tard. Les convoyeurs les ont conduits auprès du parquet où ils sont restés jusqu'au matin. Le régisseur les reçoit cette fois, les enregistre, les interroge avant de les mettre à la disposition du gardien-chef qui les met en cellules. Ils ont dû payer la caution de cinq cent mille au régisseur pour bénéficier d'une salle où il y avait peu de prisonniers et où ils pouvaient bénéficier d'air, de lumière, de matelas et de moustiquaires.

Tout comme le Calife, les deux nouveaux pensionnaires avaient passé les deux premières nuits dans des cales parmi les bandits de grand chemin fumant la drogue. Maintenant, les trois prisonniers se retrouvent ensemble dans les mêmes conditions. Les accusateurs jubilent et proclament haut et fort que « le chef rebelle et ses acolytes » sont tous sous les verrous. Ils ajoutent que tous ceux pour lesquels des mandats d'arrêt ont été délivrés doivent être arrêtés et conduits en prison.

L'équipe chargée d'exécuter les mandats d'arrêt se mit à pied d'œuvre chez M. Mamadou Oury Dalila Bah où était censé être l'imam de Doghol Kimpa, Thierno Mamadou Lamarana Bah pour qui un mandat avait été décerné. Malheureusement pour eux et heureusement pour lui, il avait été prévenu et avait pris ses dispositions. Ils ont vainement fouillé les domiciles de ses fils, mais n'ont pas réussi à l'arrêter.

Cependant, ils avaient arrêté un des enfants de M. Mamadou Oury Dalila Bah, qui n'était pas concerné par cette affaire et qui n'a pu être libéré qu'au commissariat central de Ratoma.

Le bras de fer judiciaire durcit. D'un côté des prières sont dites et des sacrifices consentis. De l'autre, les accusés sont auditionnés et certains sont inculpés. Pour la manifestation de la vérité, des transports judiciaires sont organisés sur Missira, épicentre de la soi-disant rébellion. Le départ de Conakry a eu lieu le 5 août 2007. Au départ les frais de transport ont été supportés par les deux parties. À la vérité les plaignants mettent un véhicule à la disposition du juge, le motivent et l'accompagnent jusqu'à leur fief à Kompéta.

Tout le long du voyage, ils lui ont servi de guide et toutes les interprétations ont été faites en leur faveur. Ils le retiennent pendant cinq jours chez eux avant qu'il n'arrive à Missira, chef-lieu de la sous-préfecture. Le juge demande à être conduit à Doghol Kimpa, Kinsi et Guémé situés respectivement à trois, sept et neuf km de Missira. On lui répond que ces lieux sont éloignés et sont d'un accès très difficile. Il faut même traverser un fleuve avec une pirogue. Ce qui n'existe pas dans toute la sous-préfecture. La mission est ainsi détournée, voire dévoyée.

De retour à Kompéta, le juge se dit « choqué » et regrette de n'avoir pu découvrir la vérité. L'échec de cette mission était consommé, une autre mission est préparée et devra prendre cette fois un autre itinéraire. De Conakry la mission se rendra à Guémé via Boké et Sangaredi. Elle prend le départ le 13 août 2007, arrive à Missira sur des motos déplacées à cet effet. Le juge s'informe suffisamment et arrive à toucher la vérité du doigt cette fois.

Il constate les dégâts, rencontre et interroge des victimes, enregistre les déclarations de témoins. Les deux versions des faits recoupées lui permettent de connaitre la vérité des évènements de Missira. Il a été établi qu'il y a eu des attaques des gens de Guémé à Dounkiré. Ce village a été brûlé avec des dégâts matériels importants. Mais que dans l'ensemble des personnes ont été chassées de leurs domiciles ; des innocents sont arrêtés, torturés, rançonnés, emprisonnés et ont perdu tous leurs biens.

En ce qui concerne les camps d'entrainement de rebelles ou de recrutement de rebelles, cela était de l'imaginaire et n'a jamais eu lieu. C'est de l'imaginaire, de la calomnie, de la diversion. Des témoignages visuels et sonores ont été faits et sont disponibles et peuvent être portés à la connaissance de toute personne désireuse de connaitre la vérité des faits.

La mission retourne donc à Conakry en ayant en idée le sens du devoir accompli. Les citoyens de Guémé, satisfaits d'avoir été écoutés, d'avoir rencontré enfin une autorité impartiale, venue pour aider à asseoir sa conviction et faire en sorte que la vérité éclate, ces citoyens donc, ont joyeusement de tout cœur donnés des prières et des cadeaux symboliques et conformément à leurs coutumes et à leur hospitalité légendaire, ils se sont réjouis de l'éclatement de la vérité et ont formulé des prières pour la mission qui a été à la hauteur des attentes des populations.

Pour autant, il fallait se garder de crier victoire. Le camp accusateur ne démord pas. Fort de son pouvoir de corrompre, de mentir il demande toujours à l'autorité judiciaire de maintenir, telles toutes les décisions initialement prises par l'autorité de Missira et le juge de paix de Télimélé.

Cependant, une lueur d'espoir pointe du côté des accusés. Pour la première fois, une mission a fait le déplacement de Missira sans procéder à la moindre menace, ni convocation ni arrestation de qui que ce soit. Le compte rendu de cette mission est fait à tous les niveaux.

La Présidence de la République est informée. Le conseil des ministres du 22 août inscrit au premier point de son ordre du jour le processus des évènements de Bowè-Guémé. À l'issue des débats, le conseil condamne énergiquement les auteurs de ces troubles et décide de l'envoi imminent d'une mission interministérielle de médiation pour une réconciliation entre les citoyens et une fin immédiate du conflit qui n'a que trop duré.

Composé de six départements ministériels à savoir : le Ministère de l'Administration du Territoire, le Ministère de la Sécurité, le Ministère des Affaires sociales, le Ministère de la Défense, le Ministère des Affaires religieuses et la Présidence de la République.

Arrivés à Télimélé – centre, les missionnaires décident d'organiser la rencontre sur un terrain neutre. Le chef-lieu de la sous-préfecture de Koba, voisine de celle de Missira a été retenu à cet effet. Sont conviés tous les sages et notables des deux parties, la ligue islamique sous-préfectorale, les autorités politiques et administratives et tous les citoyens. Des moyens de transport ont été dégagés pour faire venir à Koba toutes les personnes concernées. La population de Koba réserve un accueil chaleureux à cette mission de réconciliation et de bons offices.

Le chef de la mission est un Colonel de l'armée guinéenne. La rencontre a lieu dans un climat de détente et de paix. Tour à tour, les deux parties prennent la parole pour faire leur version des faits. Ensuite des débats houleux s'en suivent. Des remarques et suggestions furent faites aux deux parties. De part et d'autre, on s'engage à se pardonner et à se réconcilier véritablement.

Les membres de la mission se réjouissent du climat de bonne compréhension qui a prévalu et qui a dominé les débats.

Ils invitent les deux parties à enterrer la hache de guerre et à reprendre formellement toutes leurs relations d'antan, ils leur demandent de se donner non seulement les mains, mais aussi et surtout leurs cœurs, gage sans lequel, il n'est pas possible de consolider la paix sociale et la quiétude morale entre les fils de Bowè. Ils les supplient d'oublier ce qui s'est passé et de se tourner résolument vers l'avenir.

Cependant, la partie plaignante demande que la procédure judiciaire aille à son terme et que les détenus soient jugés et condamnés à mort, que les mandats d'arrêt émis soient exécutés et que les personnes convoquées soient jetées en prison.

Cette proposition fut d'office rejetée par la mission. Les uns et les autres furent invités à la retenue et au pardon, à la tolérance, à cultiver entre eux un climat de paix et de réconciliation. Après s'être consultés et avec l'avis de l'assistance, la commission a annulé les mandats d'arrêt émis, et libéré les personnes détenues à la maison d'arrêt de Kindia.

Cette proposition fut acceptée par les deux parties. Un protocole d'accord de réconciliation fut rédigé et soumis à la signature des deux parties et à la contre-signature de la mission. Les missionnaires eurent le loisir à présent de se rendre à Missira chef-lieu de la Sous-préfecture pour assurer eux-mêmes la restitution des accords qui seront par la suite communiqués à tous les Districts.

La maison des jeunes de Missira a servi de cadre à cette rencontre où de nombreux citoyens attendaient le compte rendu. Très satisfaits des accords trouvés, les citoyens ont remercié vivement les membres de la mission pour les brillants résultats obtenus à l'issue de la mission engagée entre les deux parties. Ils se sont réjouis de l'éclatement de la vérité qui a permis d'arriver à cette réconciliation.

La mission s'est ensuite rendue à Guémé où de nombreux citoyens l'attendaient également. Elle y passa la nuit et retourna le lendemain à Conakry, très satisfaite de la réussite à laquelle elle a aboutie. Elle ne fit escale ni à

Kompéta, ni à Télimélé centre. Arrivée à Kindia elle invita le procureur de la république à faire libérer les treize personnes encore détenues à la maison d'arrêt ainsi que le chef religieux Thierno Bassirou et ses deux compagnons El hadj Amadou Djogo Baldé et Oury Djodja Bah.

Les treize personnes sont emmenées au Parquet. Après audition du Calife, le procureur a invité le parquet à mettre à jour les dossiers et à les transmettre favorablement pour une libération.

Le processus étant un peu long les accusés sont retournés en prison pour attendre leur libération. À cause des multiples occupations et déplacements du procureur, la libération. Intervient le mardi 4 septembre 2007 à 11heures précises. Le procureur les réunit tous dans son bureau entouré du collège d'avocats et leur prodigue de sages conseils. Le jeune Calife se voit auréolé, couvert de louanges flatteuses pour sa bravoure, sa piété filiale. Cependant son attitude vis-à-vis de l'arrestation de sa mère à cause de son absence sur les lieux a été dénoncée et flétrie. À cela, il répond qu'il savait que rien de mal n'allait arriver à sa mère.

Pour le procureur au contraire dès l'arrestation et l'emprisonnement de sa mère, il devait se constituer immédiatement prisonnier pour obtenir la libération de celle-ci. Des exemples sont légion dans ce domaine. Samory a été prisonnier pendant sept ans pour libérer sa mère. Le père du religieux lui-même condamné pour fausses accusations a vu l'un de ses fils du nom de Thierno Samba se constituer prisonnier à la place de son père.

Le jeune Calife se défend encore d'avoir vu sa vie en danger et avoir préféré ne pas se présenter aux juges. Quand un problème de vie se pose entre ma mère et moi, je sauve ma vie d'abord, puis ce sera celle de ma mère. Ceux qui ont arrêté et torturé ma mère pensaient qu'ils auraient eu ma peau dès qu'ils auraient commis cet acte ignominieux. Ils avaient dit haut et fort qu'ils allaient m'humilier et au besoin m'assassiner.

C'est pour cette raison que j'ai préféré ce coup dur sur ma mère pour attendre le moment propice pour vous rencontrer. Le procureur poursuit son réquisitoire en annonçant qu'à partir de ce jour, les détenus bénéficient d'une libération provisoire. Il précise qu'autant il ne les avait pas mis en état d'arrestation, autant il ne lui revenait pas de les libérer. Ce sont des ordres qu'il exécute. Les ordres lui sont dictés par la hiérarchie qui, elle-même les reçoit du système politique. Il les remercie enfin et donne cinquante mille francs pour le transport.

Après les remerciements adressés à Mamadou Karamoko Bah et autres, les généreux tuteurs des prisonniers qui pendant six mois qu'ont duré leur détention, n'ont ménagé aucun effort pour les soutenir moralement et matériellement, ils prennent congé de Kindia après avoir fait une toilette saine et mangé à leur faim, se rendent à Conakry. Il est vingt-deux heures ce jour, à bord d'une voiture PAGERO apprêtée pour la circonstance par la famille du chérif de Sagalé résident à Conakry, le jeune calife accompagné de ses deux fidèles compagnons et leurs épouses arrivent à Boussoura chez Chérif Moustapha.

Là, les hôtes sont bien reçus par chérif Moustapha, par sa sœur chérif Mariama et autres talibés. Après leur descente ils sont conduits dans un salon couvert des différents mets préparés à leur intention.

Salutations d'usage, congratulations, présentation des repas. Ils mangent en famille autour de plats copieux dans la discipline islamique accompagnée d'une ferveur religieuse. Tous les invités mangent à leur faim, chacun à son goût. Tous se mettent à l'aise. Le repas fini, on se purifie, on remercie Dieu, on fait des *invocations*, on remercie la famille des chérifs de Sagalé, les généreux organisateurs de cette réception grandiose digne de son nom. Les invités prennent congé de leurs hôtes pour rentrer à leurs domiciles respectifs.

La même voiture accompagne les intéressés un à un depuis Boussoura en passant par Simbaya, Kiroty, Yembeya jusqu'à la Cimenterie dans la nuit tard à 0 h. Le lendemain dans toutes les familles des proches parents du chef religieux, les amis et les alliés qui ont bien voulu apporter leur soutien durant tout le processus des évènements étaient joyeux, ils avaient le réconfort moral. Depuis ce jour les amis ne cessent de se succéder dans les familles respectives en vue de rendre visite.

Un groupe des ressortissants représenté par les sages se rend dans les différentes familles, pour prodiguer des sages conseils. Même les adversaires ont eu le courage de rendre visite dans les familles des détenus libérés. La joie était là. Après une semaine de repos, les ressortissants décident de raccompagner le Calife dans son village natal.

Le 24 octobre 2017, une délégation composée de six personnes quitte Conakry pour raccompagner le Calife. Elle fait escale à Kindia, chez les ressortissants d'abord puis chez Madame le Gouverneur ensuite à Gadawawa chez les Chérifs de Sagalé avant de continuer sur Télimélé. Partout, sur les lieux visités le porte-parole de la délégation El hadj Saïkou Baïlo Diallo donne des sages conseils, il rend hommage à Dieu exalté et explique le motif de son arrivée. En réponse, Madame le gouverneur remercie Dieu pour avoir eu l'autorité de régler ce conflit, elle encourage le jeune Calife et lui donne toute la responsabilité de jouir et d'exercer pleinement son travail de rassembleur.

Les Chérifs quant à eux félicitent chaleureusement le jeune Calife, l'encouragent à persévérer sur la même voie, la voie de l'islam. Après avoir fini de manger, la délégation continue sur Télimélé et le chef de la délégation quant à lui retourne à Conakry, car sa mission était d'accompagner le Calife jusqu'à Kindia.

À 1 heure du matin, elle arrive à Télimélé, dans la famille des parents et amis. Le 25 octobre à 10 heures la délégation est reçue par le préfet en présence d'un collectif des sages et les membres du bureau des ressortissants.

Prenant la parole, le Calife présente les membres de la délégation et explique comment le conflit s'est déroulé du début à la fin. Le préfet, M. Mory Diallo très touché des faits, regrette les évènements qui se sont passés entre des voisins immédiats qui ont longtemps vécu ensemble.

Il félicite le jeune Calife, promet que durant son mandat à Télimélé de pareils cas ne se reproduiront pas. Il se confie aux sages et au religieux tout en promettant de lui rendre visite dans les jours qui suivent à Guémè.

Le lendemain 26 octobre à bord d'un taxi de neuf places la délégation continue sur Missira avec escale à Kompéta. Là dès notre arrivée, le taxi s'arrête, le Calife descend ; accompagné d'un autre, il se rend dans la famille du chef religieux de Kompéta. Celui-ci est absent, les membres de sa famille sont ébranlés, étonnés de voir celui qu'ils croyaient porté disparu. Même les épouses du chef religieux sont affolées, elles n'en revenaient pas ; incroyable, mais vrai, le jeune Calife de Guémè très serein laisse un message cordial de salutation fraternelle à son frère et homologue de Kompéta.

La sœur aînée du chef religieux de Guémè, épouse de celui de Kompéta a du remords, elle se rachète auprès de son jeune frère en lui prodiguant de sages conseils.

Pour elle, la hache de guerre est complètement enterrée, les deux consanguins se congratulent et se félicitent.

Le jeune calife donne au revoir à la famille visitée et revient trouver la délégation dans le taxi pour continuer à Missira. Arrivé vers 22 heures le calife accompagné de ses frères partent à Doghol Kimpa pour passer le reste de la nuit ; les autres membres de la délégation continuent à Kolonsoré et attendent le calife et sa suite. Partout sur les lieux visités les membres de la délégation font l'objet d'un accueil très chaleureux.

Le 27 octobre après avoir fini de déjeuner la délégation continue à Kinsi. Là aussi, un accueil fraternel digne de son nom fut réservé aux membres de la délégation. Partout dans le village c'est la joie, des cantiques religieux et des chansons islamiques sont chantés. Au niveau de la mosquée toute la nuit les fidèles musulmans implorent le pardon de Dieu, récitent les versets du Coran et prodiguent des invocations « *Douâou* » à l'endroit de leur calife.

Les membres de la délégation ont tour à tour fait un exposé détaillé sur un thème relatif à la paix, à la cohésion sociale et à la consolidation de la réconciliation. Il finit par passer le message de se pardonner, d'oublier ce qui s'est passé de se regarder face à face, les mains dans les mains pour construire la localité. Sous l'ordre officiel de toutes les autorités, la délégation ramène et remet à tous les musulmans de Guèmè le jeune calife Thierno Bassirou Bah pour le réinstaller dans ses fonctions de chef religieux et l'accompagner jusqu'à Missidé Guèmè dans sa propre famille et dans la mosquée où il est calife.

CHAPITRE IV

Présentation des villages incendiés

I-VILLAGE DE MISSIRA : Chef-lieu de la Sous-préfecture.

Premier jour de l'incendie **:** la nuit du 26 février 2007

Dégâts : Deux petites cases brûlées, deux tas de bottes de paille incendiés.

Deuxième de jour de l'incendie **:** le 2 mars 2007

Dégâts : douze cases brûlées, quatre maisons détruites, trois boutiques incendiées, un commerçant victime de vandalisme, sept personnes arrêtées.

Troisième jour de l'incendie **:** le 5 mars 2007

Dégâts : dix-huit cases brûlées, douze maisons incendiées, douze boutiques détruites et pillées, trois machines pileuses détruites, des dizaines de sacs de riz et d'arachide emportés, plusieurs autres matériels de ménages calcinés, trois personnes arrêtées, dont deux femmes.

II- VILLAGE DE MISSIDÉ GUEMÉ : Chef-lieu du District.

Jour de l'incendie : le 6 mars 2007

Dégâts : treize cases brûlées, neuf maisons incendiées, une machine pileuse brûlée, d'importants mobiliers et ouvrages coraniques saccagés, plusieurs sacs de riz emportés, plus d'une vingtaine de personnes arrêtées dont le Président de District, la mère, le frère et la sœur du chef calife, le plus âgé du village en la personne de Modi Bala Saton. Le président du district du Guémé Modi Arbaba Bah ne se remettra jamais des sévices corporels et humains subis. Il tombe malade, hospitalisé à Conakry chez son frère

Abdourahimi Baldé (Thierno Guémé) où il rendit l'âme le 27 septembre 2016. Il fut transféré à Missidé Guémé, où il repose éternellement.

Mosquée de Guémé avant sa reconstruction en dur (1727-1967).

III-LE VILLAGE DE KINSY dans le District de Guèmè.

Jour de l'incendie : le 6 mars 2007.

Dégâts : 20 cases brûlées, 15 maisons détruites, plusieurs sacs de riz et d'arachides calcinés, d'importants matériaux de construction et de ménage emportés, une vingtaine de personnes arrêtées.

IV- LE VILLAGE HORE-SERE

Jour de l'incendie : le 6 mars 2007 (de 15 heures à 16 heures)

— Dégâts : quatre cases brûlées, des vivres et des matériaux de ménage emportés.

V – LE VILLAGE KOLONSORE

Jour de l'incendie : le 6 mars 2007 (de 16 h à 17 h).

— Dégâts : deux cases brûlées, plusieurs sacs de riz et d'arachides emportés. Pas d'autres dégâts enregistrés, car les assaillants étaient complètement fatigués.

VI – LE VILLAGE DOGHOL – KIMPA

Jour de l'incendie : le 14 mars 2007

Dégâts : dix-sept cases brûlées avec leur contenu, deux maisons en dur incendiées, un groupe électrogène emporté, de nombreux sacs de riz, d'arachide et de maïs calcinés, plusieurs objets de ménage (habits, ustensiles de cuisine, fusils de chasse, divers biens, etc.) emportés. Une personne handicapée mentale calcinée dans une case.

VII – N'DANTA

Le Jour de l'incendie : 14/03/2007

Dégâts : deux maisons incendiées, deux cases brûlées, des sacs de riz, d'arachide, de maïs, de mil emporté, plus d'une centaine de pieds d'orangers, de manguiers, de mandariniers brûlés, une bananeraie et une ananeraie détruites, des animaux domestiques (caprins, bovins, ovins) capturés et tués.

VIII – DOUNKIRE

Jour de l'incendie : 27 février 2007

Dégâts : cinq cases brûlées, sept maisons détruites, d'importants matériels de ménage, des habitations, des vivres et de marchandises saccagées.

Deux personnes blessées graves par balle dont une femme évacuée à Kamsar, une personne prise en otage à Guèmè avec des blessures graves et des déchirures aux pieds.

Il faut faire remarquer que Dounkiré est incendié à titre de représailles par les populations victimes d'injustice de Guèmè.

C'est en effet un village de *N'Daghabhé* qu'il fallait incendier avant de continuer sur Kompéta situé à 12 kilomètres. C'est aussi le carrefour de Bergué dans Konsotami. Pour les commanditaires de ces attaques et de ces pillages organisés dans les villages incendiés, Dounkiré est considéré comme une vengeance ; c'est un crime qui mérite d'être puni.

Tous les actes d'accusation portent sur : pillages, incendies, destructions des lieux publics et privés et de biens matériels à Dounkiré.

Toutes les questions des juges portaient sur quels sont ceux qui ont incendié Dounkiré, qui a brûlé Dounkiré ? Comme Dounkiré n'est habité que par des *N'Daghabhé*, les vrais auteurs des attaques, leur village ne mérite pas d'être pillé. De Missira en passant par Télimélé jusqu'à Kindia les interrogations étaient les mêmes : qui a brulé Dounkiré ? Les auteurs des cinq autres villages incendiés, pillés ne méritent-ils pas d'être connus ? L'avenir nous le dira.

CONCLUSION

« Les principales raisons des conflits entre les hommes et les communautés sont liées principalement à la terre, l'argent, le pouvoir, la femme et la religion.

Les conflits domaniaux se situent à plusieurs niveaux. Ils peuvent opposer les États pour des délimitations de frontières, des Circonscriptions territoriales à propos de découpage administratif, des terroirs villageois notamment entre agriculteurs et éleveurs pour ce qui est de la répartition des domaines de culture et de pâturage, ou entre simples citoyens revendiquant le respect soit du plan cadastral du Code foncier moderne soit les limites héritées du Code coutumier. » (*Abdoul Goudoussi DIALLO Recteur de l'Institut Universitaire des Hautes Études de Guinée IUHEG.*)

Le conflit entre les villages de Guémé et Kompéta ayant dégénéré en affrontements meurtriers qui ont causé de nombreux morts, des blessés et des dégâts matériels considérables dans maints villages incendiés, est dû en fait à l'origine à un conflit domanial fratricide au sein d'une même communauté rurale ayant longtemps vécu dans la concorde avec des liens familiaux séculaires.

Après débats, suggestions et amendements, les deux parties en conflit, en commun accord avec les membres de la mission interministérielle envoyée sur le terrain sur instruction du Chef de l'État, Général Lansana Conté, s'entendent et décident de se réconcilier, d'enterrer la hache de guerre, la haine, les rancunes, d'oublier ce qui s'est passé, de se pardonner et d'accepter le pardon.

Très satisfaits de la conclusion heureuse des débats, les membres de la mission remercient la compréhension des uns et des autres.

Ils félicitent le sens de l'esprit qui a prévalu et recommandent la paix, la quiétude sociale et l'amour du prochain. Un extrait du procès verbal de réconciliation, et un rapport de fin de mission signé et cacheté par les deux parties et les membres de l'assistance, validé par les membres de la mission ont sanctionné les travaux de la rencontre.

Protocole d'accord mettant fin au conflit

PROTOCOLE d'ACCORD

Dans le cadre de l'application des Recommandations du Conseil des Ministres du 22 Août 2007, une mission interministérielle comprenant les Départements :

- Du Ministère de l'Intérieur et de la Sécurité, représenté par le Colonel El hadj Momo SYLLA, Chef de Mission ;
- Du Ministère de la Justice et des Droits de l'Homme, représenté par Mr Mamadou Alioune DRAME ;
- Du Ministère de la Défense Nationale, représenté par le Colonel El hadj Karamoko SOMPARE ;
- Du Ministère des Affaires Sociales, de la Condition Féminine et de l'Enfance, représenté par El hadj Mamadou Sanoussi DIALLO ;
- Du Secrétariat Général des Affaires Religieuses, représenté par El hadj Abdoul Karim DIALLO s'est rendue à la Sous-préfecture de Missira dans la Préfecture de Télimélé suivant l'Ordre de Mission n°132/MIS/CAB/07 du 24 août 2007, pour tenir des séances de sensibilisation et de réconciliation entre les citoyens de Guèmè et de Kompéta suite aux événements malheureux de janvier et février 2007 relatifs aux hostilités entre les communautés desdites localités.

Après de multiples séances de sensibilisation et à l'implication des différents sages de Télimélé, Koba, Kalouma, Kolonsoré, Missira, Boussoura, Daroul, Madina Fass et Foyé, la RECONCILIATION a été scellée entre KOMPETA ET GUEME.

Cette réconciliation a été acquise grâce à l'implication directe des Khalifes Elhadj Mamadou de Daroul, Thierno Bassirou de Boussoura, Elhadj Amadou de Madina Fass, Elhadj Amadou de Guèmè, Elhadj Ibrahima de Kompéta, Elhadj Ibrahima de Télimélé Centre, le représentant de Elhadj Yaya de Foyé, Monsieur Mory Diallo, Préfet de Télimélé, Monsieur Mamadou Diafarou Bah, Président de la Société Civile, Messieurs Elhadj Mamadou Diawo Baldé et Mody Bailo Bah, représentants les ressortissants de Télimélé et de Missira à Conakry, Elhadj Mamadou Boye Diallo, Président des ressortissants de Missira à Télimélé, Messieurs Samoura Sékou et Elhadj Ousmane Koin Baldé respectivement Commissaire Central de Police et Commandant d'Escadron de Gendarmerie de Télimélé.

Devant ces personnalités citées plus haut, les sages de Guèmè et de Kompéta se sont serrés les mains et ont juré de mettre fin définitivement aux hostilités qui les opposaient.

Sur le champ, les responsables et sages (Khalifes) ont demandé à la Mission interministérielle à l'intention du Gouvernement :

1) - La restauration de l'autorité Sous-préfectorale de Missira par la nomination d'un Sous Préfet et de son Adjoint ;

2) - L'affection d'un Poste d'appui militaire à Missira en vue de la Sécurité des citoyens et de leurs biens ;

3) - La libération du Khalife Thierno Bassirou de Guèmè et les onze (11) autres détenus à la Maison Centrale de Kindia ;

4) - L'annulation des trente cinq (35) mandats d'arrêts et d'amener décernés contre les citoyens de Guèmè ;

5) - L'appui du Gouvernement et des partenaires au Développement pour la restauration des édifices publics détruits et surtout l'ensemble des habitations des citoyens sinistrés.

Fait à Missira, le 28 Août 2007

ÉPILOGUE

Dans tout l'ex-canton de Bowé-Guémé et ailleurs quand on pense à cet évènement on se le remémore comme d'un enfer où rien n'est vraiment facile ou possible. On n'imagine point combien de fois des pauvres paysans sans soutien moral ni matériel ont été soumis à cette situation déplorable et aussi cruelle. Les autorités n'ont pas mesuré à temps l'étendue des drames que ces populations ont traversés et n'ont pas au départ cherché à savoir l'origine des problèmes et en conséquence à trouver les solutions idoines.

Il ne s'agissait nullement d'une rébellion menée par un chef religieux, mais d'un problème fratricide d'ordre domanial. Vouloir exclure certains éléments de la société aboutit fatalement à une incompréhension.

Tous les êtres naissent égaux. Chacun est fier de son origine. Qu'on soit riche ou pauvre, on ne doit jamais renier sa culture. Seulement il faut apprendre à vivre sa vie avec son quotidien et ses origines ; ces paysans victimes hommes, femmes, jeunes, et vieux ont atrocement souffert pendant et après les évènements. Les parents, les papas, les mamans, les frères, les sœurs, les oncles, les tantes, les cousins ont aussi lourdement payé les frais dans ce conflit.

Jamais je n'aurais cru accomplir une telle mission. Mais je sais aussi le prix que j'ai payé pour la réaliser. Je crois que ma ténacité a favorisé ma chance et c'est d'abord cette ténacité qui m'a permis d'avancer. Aujourd'hui, je suis fier de mettre à la portée des lecteurs cet ouvrage. Il est la preuve que l'intuition et l'effort sont nos meilleurs alliés pour faire ce que l'on veut de sa vie : un ouvrage que j'ai voulu, dont j'ai rêvé.

ANNEXES

liste des membres de la première mission d'enquête envoyée par le bureau des investigations de la Présidence de la République qui s'est rendu à Missira.

Le 25 août 2005

N°	Prénoms	Nom
1	Le Commissaire Tidiane	TOURE
2	L'adjudant Moussa	SOUMAH
3	Mr Abdoulaye Djibril	CAMARA
4	Mr Mamadou Aliou 3	BAH
5	Abdoul Rachid	BAH

Les noms des personnes inscrites sur les 35 mandats d'arrêt annulés par la mission du gouvernement mandaté de régler le conflit. Le 27 août 2007

N°	Prénoms et Nom	Résidence
1	Aladj Lama N'danta BAH	Doghol — Kimpa
2	Mamadou Aliou 3 BAH	Guémé
3	Almamy Lama BAH	Doghol-Kimpa
4	Almamy Sirifou BAH	Doghol-Kimpa
5	Alpha Oumar BALDE	Conakry
6	Thierno Abdoulrahime BALDE	Conakry
7	Dioudé Kahel DIALLO	Conakry
8	Saïkou Amadou BAH	Conakry
9	Lama Dhjarè Bah	Kolonsoré
10	Boubacar Diakité	Kinsi
11	Amadou Oury Diakité	Kinsi
12	Yero Bhoye CAMARA	Conakry

13	Thierno Aliou DIALLO	Conakry
14	Colonel Hadji BAH	Conakry
15	Alpha Aliou BALDE	Guémé
16	Thierno Diouhé BAH	Guémé
17	Sâdou DIALLO	Guémé
18	Modi Sountou Kama BAH	Kama
19	Modi Ousmane M'bandou BAH	Kolonssoré
20	Farba Doulla DIALLO	Missira
21	Alpha DIOP	Missira
22	Diop KADE	Kouroussa
23	Modi Amadou Méta (Dabankou)	Boké
24	Modi Mama Sadou BAH	Boké
25	Mam Aboubacar Camara	Missira
26	Elhadj Boubacar BAH	Sangaredi
27	Thierno Hassimiou BAH	Sangaredi
28	Abdoulaye BALDE	Guémé
29	Mamadou Bhoye BAH	Doghol-Kimpa
30	Thierno Sâdou BAH	Doghol-Kimpa
31	Amadou Saïkou BAH	Doghol-Kimpa
32	Mamadou Aliou CAMARA	Kinsi
33	Ibrahima DIAKITE	Kinsi
34	Abdourahamane BAH	Missira
35	Baïlo BAH	Missira

Les noms des personnes désignées par le Bureau des ressortissants pour se rendre à Missira Bowé Pour la sensibilisation autour du conflit. Le 12 décembre 2005

1	Elhadj Amadou BAH Guémé		
2	Oury Djodja BAH Doghol-Kimpa		
3	Tidiane DIALLO Compéta		
4	Amadou DIALLO Compéta		

Les noms des membres du Bureau des ressortissants qui ont fait le déplacement pour rencontrer les résidents en vue de calmer le conflit.

Le 2 juin 2006

1	El hadj Baïlo	BAH
2	El hadj Djoubairou	BAH
3	El hadj Amadou Baïlo	DIALLO
4	El hadj Amadou Djogo	BALDE
5	Modi Abidina	DIALLO
6	Mamadou Kamèlè	BALDE
7	Oury Djodja	BAH
8	Alpha Oumar	BALDE

Les noms des personnes qui ont été reçues par le ministre de l'Administration du Territoire et de la décentralisation (Moussa SOLANO)

Le 16 août 2006

1	Thierno Bassirou	BAH
2	Modi Adoulrahamane	BAH
3	El hadj Mamadou Aliou	BAH
4	Modi Ousmane	BAH
5	Modi Sydy	TOURE
6	El hadj Amadou Djogo	BALDE
7	Abdoulrahimi	BAH
8	Thierno Abdoulrahimi	BAH
9	Amadou Diouldé Kahel	DIALLO
10	Oury Djodja	BAH
11	Alpha Oumar	BALDE
12	Colonel Hadji	BAH

Les noms des personnes qui ont fait le déplacement pour réceptionner le Gouverneur de la région de Kindia (Mounir CAMARA).

Le 30 novembre 2006

1	Thierno Bassirou BAH	
2	Modi Abdoulrahamane BAH	
3	Mamadou Aliou BAH	
4	El hadj Amadou Djogo BALDE	
5	El hadj Boubacar BAH	
6	Mariama DIAO	

7	Souleymane KOULIBALY	
8	Amadou Diouldé Kahel DIALLO	
9	Yéro Boye DIALLO	
10	Alpha Oumar BALDE	
11	Abdoulrahimi BAH	
12	Oury Djodja BAH	

La liste des membres de la mission du Ministère de l'Administration du Territoire qui ont fait le déplacement pour Missira.

Le 5 décembre 2006

1	El hadj Mounir CAMARA Gouverneur de Kindia
2	Alpha Seny CAMARA Procureur à Kindia
3	M. le Chef de Cabinet du Gouvernorat de Kindia
4	Mamadouba TOUNKARA Préfet de Télimélé
5	Amadou DOUMBOUYA Juge de paix de Télimélé
6	M. le Commandant de la Gendarmerie de Télimélé
7	M. le Commissaire de Police de Télimélé
8	Cinq agents de sécurité venus de Télimélé
9	Deux journalistes de la Radio rurale de Kindia

La liste des personnes qui ont été reçues par la ministre de la Justice (Madame Paulette KOUROUMA).

Le 14 mars 2007

1	Thierno Bassirou BAH
2	Modi Mama Sadou BAH
3	Modi Amadou Méta BAH
4	El hadj Amadou Djogo BALDE
5	El hadj Amadou BAH
6	Oury Djodja BAH
7	Amadou Diouldé Kahel DIALLO
8	Sabou BALDE
9	Kabirou MANE
10	Saïfiou BAH
11	Mamadi Boubacar DIALLO
12	Souleymane KOULIBALY
13	Mariama DIAO
14	Almamy Lama BAH
15	Sali Lamarana DIALLO

16	Hadja Roubi BAH
17	Hadja Kadénéby BAH
18	Thierno Sarafou BAH
19	Mariama CAMARA
20	Mariama DIALLO
21	Fatou CAMARA
22	Mamadou Aliou 3 BAH
23	Karamoko Mamadou BAH
24	Djibril CAMARA
25	Colonel Hadji BAH
26	Un enfant de 4 ans

La liste des personnes arrêtées durant le conflit le 19 avril 2007

N°	**Prénoms**	**Nom**
1	Modi Arbaba	BAH
2	Modi Bala (Saton)	BAH
3	Yaya	BAH
4	Souleymane	BAH
5	Souleymane	DIALLO
6	Mamadou Aliou	BARRY
7	Djamady	BARRY
8	Syd-dy (N'badou)	BAH
9	Mamadou Aliou (N'beng)	BAH
10	Amadou Bella (Boubou)	BAH
11	Amadou Baïlo Djédjé	BAH
12	Ibrahima (Guoki)	BAH
13	Sana	DIALLO
14	Rachidou	BAH
15	Hadja Kadé (Nébi)	BAH
16	NénanOumou	BAH
17	Roubiyata	BAH
18	Fatoumata Binta	BAH
19	Saïdata (Nènen Kansala)	BAH
20	Mamadi Ibrahima	CAMARA
21	Sydi	TOURE
22	Aliou	CAMARA
23	Cellou	DIAKITE
24	Kadé	DIAKITE
25	Sali Lamarana	CAMARA

26	Aliou Mamadou	DIAKITE
27	Boubacar	DIAKITE
28	Djogo	BARRY
29	Alpha Oumar	KOULIBALY
30	Sâdou	BARRY
31	Moussa	CAMARA
32	Amadou	BAH
33	Aïssata	CAMARA
34	Mariama	CAMARA
35	Abdoulrahamane	BAH
36	Thierno Yaya	DIAO
37	Soura	KEIRA
38	Thierno Boye	BAH
39	Thierno Sâdou	BAH
40	Moussa (Fouri)	BAH
41	Amadou (Donrou)	BAH
42	Abdoulrahamane (Doura)	BAH
43	Koumbadiouma	CAMARA
44	Boubacar	DIAKITE
45	Aïssatou	DIAKITE

Liste des Personnes arrêtées À Conakry et Emprisonnée À Matam

Elhadj Amadou Diogo Baldé
Oury Djodja Bah
Saïkou Amadou Bah
Liste des Personnes arrêtées À Conakry et Emprisonnées A Kindia :
Thierno Bassirou Bah
Elhadj Amadou Diogo Bah
Oury Djodja Bah
Liste d'amis et collègues
Mes amis d'école à Missira : Mamadou Oury Bah ; Binta Bah ; Hadjiratou Bah ; Bhoye Hotha Bah.
Mes amis du collège de Filira /Boké : Rahimi Bah ; Sirifou Diallo ; Djoubaïrou Diallo ; Ibrahima Kandia Diallo.

Mes amis d'école Normale de Faranah : Amadou Sadjo Sow ; Ibrahima Kabara Bah ; Ramatoulaye Diallo.
Mes collègues de service à Fria : Mohamed Diallo (Papus)
Mes collègues de service à Conakry dans les écoles : Mady Camara ; Garanké Gobhaye.
Mes collaborateurs de service au SINDA Conakry : Ibrahima Sory Tounkara ; Bissiri Camara ; Lansana Sanoh ; Ibrahima Diawara ; Ousmane Paraya Baldé.

La liste des Commandants d'arrondissements est sous-préfet qui se sont succédé à Missira :

1. Diallo Boubacar 1961
2. Mohamed Lamine Sako 1964
3. Moustapha Karamba Keïta 1966
4. Sankoun Condé 1966
5. Anne N'gourassi 1967
6. Daffé Cissé 1970
7. Elhdj Ibrahima Sory Diallo 1976
8. Lamarana Diallo 1977
9. Thierno Souleymane Bah 1977
10. Lamarana Diallo 1978
11. Sankoun Condé 1984
12. Abdoulaye Touré 1984
13. Mamadou Lamarana Barry 1985
14. Boubacar Hotha Diallo 1986
15. Cécé Piontoni Camara 1987
16. Elhadj Madani Bah 1987
17. Sekou Caste Camara 1989
18. Elhadj Madani Bah 1999
19. Mohamed Lamine Bangoura 1999
20. Aïssata Madi Camara 2000
21. Marc Kamano 2003
22. Sekou Kadialiou Bayo 2005
23. Alpha yaya Diallo 2010
24. Djoudjouba Diallo 2010

25. Sadou Keïta 2011
26. Alpha Oumar Diakité 2015
27. Moussa Mamady Keïta 2021
28. Cdt Hilahilé Haba 2022

La liste des Secrétaires généraux de comités directeurs et des Présidents des CRD qui se sont succédé à Missira.

1. Condé Sankoun de1961 à 1971
2. Oumar Taïbata Diallo de 1971 à 1976
3. Ibrahima Bah de 1976 à 1980
4. Elhadj Boubacar Siddi Diallo de 1980 à 1984
5. Abdoulaye Baldé 1991 à 1995
6. Amadou Tidiane Diallo 1995 à 2005
7. Mamadou Mika Bah 2005 à 2006
8. Mamadou Bhoyi Bah 2006 à 2017
9. Mamadou Issa Diallo 2018 à 2021

Les principaux résistants au conflit

Thierno Bassirou Bah

Oury Djodja Bah

Cheik Amadou Bah

Amadou Djogo Baldé

Structures éditoriales du groupe L'Harmattan

L'Harmattan Italie
Via degli Artisti, 15
10124 Torino
harmattan.italia@gmail.com

L'Harmattan Hongrie
Kossuth l. u. 14-16.
1053 Budapest
harmattan@harmattan.hu

L'Harmattan Sénégal
10 VDN en face Mermoz
BP 45034 Dakar-Fann
senharmattan@gmail.com

L'Harmattan Cameroun
TSINGA/FECAFOOT
BP 11486 Yaoundé
inkoukam@gmail.com

L'Harmattan Burkina Faso
Achille Somé – tengnule@hotmail.fr

L'Harmattan Guinée
Almamya, rue KA 028 OKB Agency
BP 3470 Conakry
harmattanguinee@yahoo.fr

L'Harmattan RDC
185, avenue Nyangwe
Commune de Lingwala – Kinshasa
matangilamusadila@yahoo.fr

L'Harmattan Congo
67, boulevard Denis-Sassou-N'Guesso
BP 2874 Brazzaville
harmattan.congo@yahoo.fr

L'Harmattan Mali
Sirakoro-Meguetana V31
Bamako
syllaka@yahoo.fr

L'Harmattan Togo
Djidjole – Lomé
Maison Amela
face EPP BATOME
ddamela@aol.com

L'Harmattan Côte d'Ivoire
Résidence Karl – Cité des Arts
Abidjan-Cocody
03 BP 1588 Abidjan
espace_harmattan.ci@hotmail.fr

L'Harmattan Algérie
22, rue Moulay-Mohamed
31000 Oran
info2@harmattan-algerie.com

L'Harmattan Maroc
5, rue Ferrane-Kouicha, Talaâ-Elkbira
Chrableyine, Fès-Médine
30000 Fès
harmattan.maroc@gmail.com

Nos librairies en France

Librairie internationale
16, rue des Écoles – 75005 Paris
librairie.internationale@harmattan.fr
01 40 46 79 11
www.librairieharmattan.com

Lib. sciences humaines & histoire
21, rue des Écoles – 75005 paris
librairie.sh@harmattan.fr
01 46 34 13 71
www.librairieharmattansh.com

Librairie l'Espace Harmattan
21 bis, rue des Écoles – 75005 paris
librairie.espace@harmattan.fr
01 43 29 49 42

Lib. Méditerranée & Moyen-Orient
7, rue des Carmes – 75005 Paris
librairie.mediterranee@harmattan.fr
01 43 29 71 15

Librairie Le Lucernaire
53, rue Notre-Dame-des-Champs – 75006 Paris
librairie@lucernaire.fr
01 42 22 67 13

www.ingramcontent.com/pod-product-compliance
Lightning Source LLC
LaVergne TN
LVHW051411061026
849535LV00009B/3475